LUZES SOBRE A AMAZÔNIA

Marcellus Campêlo

LUZES SOBRE A AMAZÔNIA

pelo Espírito Joel

1ª Edição

Manaus, AM
CASA BENDITA
2015

Dados Internacionais de Catalogação na Publicação (CIP)

Joel (Espírito).

Luzes sobre a Amazônia / pelo Espírito Joel; [psicografado por] Marcellus Campêlo. - 1. ed. - 1ª reimpressão - Manaus: Casa Bendita, 2015.

283p.: 15,5 cm

ISBN 978-85-65300-05-6

1. Espiritismo. 2. Psicografia. I. Campêlo, Marcellus. II. Título.

CDD 133.93

Composição e editoração

Casa Bendita
Fundação Allan Kardec (FAK)
Av. Mário Ypiranga, 1507, Adrianópolis
69057-001 – Manaus, AM – Brasil
Fone: (92) 3642-6638
http://www.faknet.org.br

Projeto gráfico: Gleise M. T. de Oliveira
Ilustrações: Martim Afonso (pgs. 19 e 20), cedidas pelo Governo do Estado do Amazonas, por meio da sua Secretaria de Estado de Cultura (pags. 69, 70, 111 e 112) e Edson Queiroz (pags. 35, 36, 137, 138, 161, 162, 185, 186, 213, 214, 237, 238, 257 e 258).
Capa: Mayana Nobre
Foto da capa: cedida pelo Governo do Estado do Amazonas, por meio da sua Secretaria de Estado de Cultura.
Tratamento de ilustração (capa): Fabrício Carvalho da Costa
1ª edição – 1ª reimpressão – 1.000

O produto da venda desta obra é destinado à manutenção das atividades assistenciais da FAK, de Manaus/AM, e da Sociedade Espírita Boa Nova, de Catanduva/SP.

Sumário

Prefácio

O ano de 2010 foi pródigo em acontecimentos relevantes e surpreendentes para a Fundação Allan Kardec (FAK), os quais se sucederam céleres como em caleidoscópio fugidio e inapreensível, de pronto, em seus contornos e significados.

Avançavam, produtivas e emocionantes, as experimentações de uma nova atividade concebida para receber contribuições psicografadas, de consolo e orientações, endereçadas àqueles que os benfeitores espirituais entendessem necessitados – o Correio do Amor. Em seu âmbito havia sido transmitida uma surpreendente obra sobre a história de vida de um imperador omano que muito contribuiu para a implantação do Cristianismo na Terra – *Públio Licinio Egnatio Galieno*[1]. Médiuns psicógrafos surgiam em profusão. Ideias e novos trabalhos psicográficos, históricos e doutrinários se apresentavam abundantes.

---

[1] **Nota da Editora**: obra publicada pela editora Casa Bendita com o nome de "Galieno", em 2011, ISBN 978-85-65300-00-1.

Vivia-se os júbilos do êxito obtido com o "I Simpósio FAK – O Espiritismo em terras amazônicas: origens, realizações e compromissos", no qual, por meio de pesquisas metodologicamente sólidas, realizadas pelos próprios trabalhadores da FAK e de outras instituições locais, a comunidade interna começou a tomar contato com a saga dos pioneiros do Espiritismo no Amazonas, a extensão dos esforços em curso e os convites em relação ao futuro. Ademais, como substrato vanguardista, temas relacionados ao meio ambiente e ao ecumenismo passaram a integrar a agenda institucional. Neste último caso, destaca-se a vivência concreta de uma profícua parceria com a Igreja Católica no atendimento aos milhares de haitianos que chegavam a Manaus, fugindo das sofridas condições que passaram a vivenciar, após o grande terremoto que atingiu o Haiti (7,3 graus na escala Richter), em 12 de janeiro de 2010.

No âmbito da gestão, nova geração de líderes assumia a instituição, em processo de escolha livre e fraterno, ensejando o advento veloz e alvissareiro de ideias novas para a condução da Casa. Uma chuva de orientações do plano espiritual mantinha esses dirigentes encarnados em constante vinculação com o planejamento espiritual da instituição.

Parecia mesmo um tempo novo na agenda da instituição. Começava-se a despertar para as circunstâncias que envolviam a sua existência e as possibilidades que ela portava como um núcleo disseminador do bem na região. Movidos pelo entusiasmo das realizações e convites à renovação que a ambiência da Casa proporcionava, os trabalhadores começaram a tratá-la por "Casa Bendita" e a enaltecê-la em encontros, escritos e direcionamentos gerenciais. Músicas, poesias e páginas mediúnicas ampliavam os movimentos de louvor. E todos pareciam embalados por uma inebriante mobilização...

Nesse contexto de euforia, uma nova obra psicografada veio a lume, exatamente sob o título "Casa Bendita". Recebida de forma célere, sob os olhares expectantes dos dirigentes institucionais, a obra descrevia uma estrutura espiritual de mesma denominação do título. Em primeira análise, imprecisas percepções levaram a crer que tal instituição se confundia com a própria FAK. Tal fato, dada a surpreendente grandiosidade da Casa Bendita descrita, motivou um excessivo anseio de se realizar obras igualmente grandiosas no plano físico, o que veio a interferir na visão sobre o real papel da instituição FAK, o qual será sempre o de servir de instrumento aos seus assistidos com vistas ao desenvolvimento das virtudes do Evangelho, a despeito da dimensão da obra realizada.

Nessas circunstâncias, iniciou-se a revisão do conteúdo do texto recebido. E, dada a experiência advinda do desafio que fora a editoração da obra "Galieno", entendeu-se ser necessário um melhor preparo, em termos de métodos e de equipe. Em razão da natureza e diversidade dos assuntos abordados na obra, reuniu-se um grupo de trabalhadores da instituição, maduros em conhecimento e vivência doutrinária e com formação em variadas áreas de conhecimento[2].

---

[2] **Nota da Editora**: as notas explicativas inseridas no rodapé desta obra são fruto de um diligente trabalho de pesquisa desse grupo de trabalhadores da instituição. Informações adicionais acerca das referidas notas podem ser solicitadas à editora.

E o trabalho começou... Foram quatro longos e árduos anos... Primeiro, porque os grandes temas tratados requeriam pesquisas aprofundadas sobre aspectos históricos, científicos e doutrinários. Segundo, porque surgiram entendimentos distintos sobre o significado da obra e, por essa razão, vieram à tona impasses quanto à percepção sobre o que representava exatamente Casa Bendita e o que, de fato, devia demandar nossa atenção enquanto revisores de poucas luzes. Sobretudo seu tema central – a existência em si de Casa Bendita – nos causava perplexidade e, ainda que portasse possibilidade verossímil, não tínhamos como, objetivamente, comprovar-lhe a veracidade.

Os benfeitores espirituais, incluindo o autor, em respeito ao nosso livre-arbítrio, pareciam acompanhar silenciosos os nossos titubeios. Entretanto, prosseguiam transmitindo outras obras, algumas em seguimento a esta, que empacara em nossas mãos, e outras, igualmente surpreendentes, sobre personagens e episódios marcantes do Cristianismo primitivo, sobre a história pátria, sobre teses doutrinárias instigantes. Tanta produção transmitida do alto expunha, em contraste desconcertante, nossa insipiência como pretensos revisores, pois o trabalho não avançava.

Mas, o que fazer? Pensando na anotação de João (6,9), eram mesmo os nossos "cinco pães e os dois peixinhos" que deveriam ser colocados ao dispor do Cristo para que, por sua misericórdia, a multidão fosse alimentada, neste caso, com o conhecimento nobre que a obra portava.

E então iniciamos uma etapa nova, cuja primeira providência foi a releitura da obra, repetida e minuciosa, anotada e refletida. Cada revisor deveria descortinar o significado da mesma para si próprio, para a instituição e para a região. Dessa releitura, emergiu um entendimento global convergente: a obra relatava a saga de dedicados servidores do bem que, em nome de Jesus, trabalhavam em prol da região amazônica, a partir de estruturas espirituais fomentadoras do progresso nos mais diversos campos do interesse humano. Casa Bendita era uma dessas estruturas e assumira, dentre outros propósitos nobres, o de ser fonte inspiradora das atividades desenvolvidas na FAK. Assim, concluiu-se que a FAK era apenas uma extensão experimental das atividades realizadas em Casa Bendita, visando a apoiar os trabalhadores encarnados no aprendizado das leis divinas à luz do Consolador Prometido, conforme descreve o Espírito Raphael no capítulo Casa Bendita desta obra:

> [...] no plano físico [objetiva ser] instrumento abençoado de libertação dos irmãos que a ela se vinculam, não somente para ajudar os outros, mas, fundamentalmente, para a melhoria de si mesmos.

Com essa percepção comum e com as dezenas de pesquisas já feitas, as fases seguintes se desdobraram céleres. Ao final, tínhamos centenas de dúvidas que as submetemos ao autor da obra, o qual, sem se agastar, manifestou-se sobre cada uma, muitas vezes concordando com nossas ponderações e sugestões, outras, promovendo os ajustes necessários, ou ainda, pedindo para se manter os trechos.

Uma dessas tantas questões se nos apresentava dolorida: o título da obra. Reconhecíamos que o mais adequado seria mesmo o de "Casa Bendita". Ponderávamos, entretanto, que quando a obra viesse a lume, tal denominação talvez reavivasse as percepções imprecisas do início. Ademais, passamos a nos dar conta de que havia, também, um conjunto de temas que pareciam constituir um pano de fundo da obra: ecologia, ecumenismo, transformação planetária, renovação social e, sobretudo, Amazônia e as iniciativas espirituais em seu favor.

Por tais motivos, consideramos a conveniência de mudança do título para outro mais associado a esses grandes temas. Propusemos ao autor tal sugestão e incluímos, depois de um processo refletido de escolha, três alternativas: Amazônia Espiritual, Fronteiras Espirituais da Amazônia e Luzes sobre a Amazônia. Ele, apesar de mostrar-se compreensivo com a preocupação, deixou tal decisão ao nosso encargo. Assim, mediante troca de percepções entre os dirigentes encarnados da instituição, optou-se por "Luzes sobre a Amazônia".

De então para diante, restou um intenso trabalho de revisão de linguagem, ajustando o texto àquilo o que tínhamos captado como sendo o propósito, o espírito, o enredo e as nuances da obra.

Ei-la agora, em tuas mãos, nobre leitor. Esperamos que ela represente para ti o mesmo que foi para os que nos envolvemos em sua revisão: uma escola viva que nos possibilitou "ver melhor" as "Luzes" que sempre existiram "sobre a Amazônia", mercê do permanente desvelo do Cristo e de seus prepostos.

Manaus, 9 de outubro de 2015

Comissão Editorial

A Luz do Candeeiro

Os tempos de renovação do planeta Terra já se iniciaram. Em toda parte, os mensageiros do Cristo trabalham incessantemente ultimando ações para a construção do milênio do espírito, ora em curso.

O homem deste orbe é convidado à decisão pela felicidade futura, com a mudança dos sentimentos egoístas e orgulhosos, em ações de fraternidade mútua, abnegação, desapego às paixões, num constante exercício do amor.

Em meio a esses períodos de necessárias mudanças, encontramo-nos mergulhados no coração verde do mundo, a região amazônica, onde o Cristo Jesus decidiu implantar uma de suas bases de iluminação do planeta. Inúmeros espíritos trabalhadores de nossa esfera estão volvendo às lides físicas, para o testemunho necessário, com atuação em diversos campos do conhecimento humano, a fim de estabelecerem novos paradigmas à sociedade, principalmente com a ratificação dos postulados das verdades espirituais, que foram anunciados há mais de um século e meio pelo ilustre mestre Allan Kardec.

Portanto, a missão que cabe a esses espíritos de sublimidade de intenções é fundamentalmente a de corroborarem com o Cristo, reconhecendo humildemente que não há outro meio de se instalar a felicidade no mundo que não seja pela prática do amor, base central da doutrina a qual buscamos todos honrar.

A colaboração simples e emocionante do irmão Joel – em fotografia, ao mesmo tempo poética e descritiva, dos rápidos momentos que vivenciamos aqui, nestas terras amazônicas, no intercâmbio com alguns irmãos de outras plagas – nos servirá de ampliação dos olhares em torno desse movimento de regeneração.

Poderemos, como leitores beneficiados, transportarmo-nos até as emoções dos momentos da chegada dos primeiros vanguardistas, bem como até as primeiras movimentações dos engenheiros e arquitetos do Cristo, na construção de nosso posto de socorro no meio da Floresta Amazônica. Não se trata esta obra, portanto, de mero relatório romanceado, mas sim de um importante registro que pode ampliar a fé e a visão daqueles que tenham olhos de ver.

Assim como este trabalho de vastíssimo alcance executado em nossa Casa Bendita, descrito nesta obra, inúmeros outros círculos de edificação no bem se movimentam nos rincões amazônicos, com o mesmo ideal de fixação do amor de Deus nos corações que aqui vivem.

Desde a missão dos dirigentes e dos trabalhadores, o compromisso dos evangelizadores, as responsabilidades dos médiuns e dos que exercitam o amor de variadas maneiras, até o envolvimento dos demais assistidos com as tarefas de autoiluminação, poderemos apreender muitos pontos para reflexão.

Dessa forma, como cooperadores do trabalho de iluminação do mundo com o Cristo, apresentamos esta humilde compilação, sem o intuito de determinar essa ou aquela novidade no campo doutrinário de nossos trabalhos, mas como facho de luz que irradia do candeeiro, que é colocado em cima do lugar mais alto, para servir a todos.

Que as bênçãos do Cristo Jesus envolvam a todos nós, espalhando o mesmo amor que nos anima, quando nos sentimos eternamente gratos pela oportunidade de estarmos trabalhando nos círculos santificados desta Casa Bendita.

Manaus, 27 de maio de 2011

Raphael (Espírito)

Novos Tempos

Capítulo I

O dia iniciava as primeiras horas, despertando com os raios solares que inundavam o ambiente de energias benfazejas e alimentavam a vida em suas diversas manifestações. Experimentando suaves refrigérios, as flores sorriam com o roçar da brisa leve que vertia naquela bela manhã, emoldurando o imenso jardim que, por sua vez, circundava o grande salão de eventos da Colônia do Amor, localizado em área destinada à programação reencarnatória de espíritos vinculados à região amazônica do Brasil.

A numerosíssima assembleia de espíritos moradores da colônia se preparava para ouvir as palavras orientativas do ministro Samir, na primeira palestra do novo ano que se iniciava, obedecendo ao calendário terrestre, a que estavam vinculados. O tom da convocação à tradicional explanação do ministro, entretanto, causou expectativa entre os habitantes daquela região, tendo em vista o anunciar de novos compromissos e responsabilidades dos quais aquele agrupamento espiritual parecia ter sido incumbido.

As nobres expectativas puderam ser confirmadas pela chegada de grandes caravanas de irmãos vinculados a outros agrupamentos espirituais do planeta, constituídos de inúmeros espíritos ligados às diversas correntes religiosas que atualmente exercem atividades na Terra, mas vinculadas de alguma sorte às planícies pujantes do norte da América do Sul. Podia-se notar no semblante dos caravaneiros, ao mesmo tempo profunda alegria e imenso espanto, ora com a suave harmonia reinante, que por certo lhes fazia muito bem ao equilíbrio do espírito, ora pela admiração de tamanha estrutura espiritual, que surpreendia pela localização em região da Terra a qual consideravam tão inóspita. Era de se perceber o esforço que engendravam em manter a serenidade, mas a surpresa era tamanha que não pudemos deixar de registrar os comentários interessantes dos irmãos recém-chegados:

– Não imaginava existir tamanha obra divina em uma região aparentemente tão isolada – exprimia mentalmente nobre ancião vestido com roupas orientais.

– Santo Deus! – exclamava a bondosa irmã italiana, trajada ao modo das freiras católicas – tão imensa é a nossa ignorância diante dos desígnios de Deus. O que pretende o Senhor de nós?

– Que Deus abençoe a vida e nos faça dignos de seu amor! – orava o emocionado rabino em trajes escuros tradicionais.

– Jesus amado! Que sejamos merecedores de tua misericórdia sempre! – pensava o espírita, surpreso.

A admiração dos irmãos convidados era mentalmente recebida pelos anfitriões, uma vez que já estavam acostumados com os sentimentos de surpresa oriundos de visitantes que volta e meia surgiam na colônia, seja por estágio em missão de trabalho, seja por estudo no necessário aprendizado.

A Colônia do Amor é uma estação de paz abençoada, que abriga mais de dez milhões de espíritos em estágios diversos de evolução. Construída há mais de quinhentos anos – quando os habitantes nativos da região entravam em contato com o processo de civilização ao modo europeu, recebendo os espíritos do Velho Mundo, os quais se vinculariam àquela imensa planície ainda desconhecida para o mundo medieval – a colônia concentra o aglomerado espiritual de muitas cidades do norte brasileiro, oferecendo suporte aos diversos postos de socorro espalhados nos rincões das plagas amazônicas.

Refeitos do impacto inicial de surpresa e admiração, os caravaneiros foram recebidos com sinceras demonstrações de afeto pela assembleia de habitantes da colônia, que já se encontrava posicionada, aguardando silenciosamente o horário estabelecido para o início da palestra. Por nossa vez, tentamos nos confraternizar com os recém-chegados, amparando-os em suas necessidades iniciais, mormente à acomodação mais adequada para ouvir as palavras do venerando Ministro. Abraçamos afetuoso grupo formado por dois senhores e uma senhora, que pareciam estar juntos para também se conhecerem e se confraternizarem, uma vez que, pelos hábitos que utilizavam, era visível que comungavam de correntes religiosas distintas.

O primeiro senhor, vestido com elegante conjunto de paletó e segurando um volume radioso da Bíblia Sagrada, o que nos fazia crer tratar-se de um irmão que lidava com as correntes ditas evangélicas, aparentava suave tranquilidade no rosto, exibindo leve sorriso sincero. O segundo irmão do pequeno grupo era um jovem sacerdote católico, vestido com sua indumentária mais simples, porém evidenciando a sua fé pelo pequeno escapulário que trazia nas mãos. Não obstante a surpresa que era evidente em seu rosto jovem, procurava também sorrir, demonstrando possuir nobres noções de fraternidade.

Já a irmã que acompanhava os dois religiosos vestia uma singela bata branca com detalhes azuis, tendo a cabeça suavemente envolta em tecidos alvos. Com traços que lembram os irmãos da Índia, parecia ser oriunda das missões fundadas na Terra por Madre Teresa de Calcutá, haja vista suas expressões. Sorridente e mais extrovertida, foi a primeira a exprimir-se, retribuindo os nossos votos e saudações acolhedoras:

– Obrigada pelo acolhimento fraternal. – disse colocando as mãos em forma de prece – Que Nossa Santa Mãe, Maria, vos abençoe. Chamo-me Sarita e sou vinculada à caravana do Oriente, tendo tido a honra de conhecer estes nobres irmãos trabalhadores de Jesus, quando nos concentramos na Itália para a viagem até aqui. Este é Marcelo, jovem sacerdote italiano, e este é o pastor Carl, irmão irlandês.

Tratando de recebê-los com afetuoso abraço, eu e meus dois companheiros de trabalho, Mário Jorge e Marisa, desdobramo-nos em diligências cordiais, e Mário Jorge, o mais expansivo dentre nós, apressou-se em também nos apresentar, para deixar nossos novos amigos mais à vontade, a fim de que pudessem indagar o que desejassem, dado o objetivo de sensibilização e estudo característico daquelas caravanas.

– Queridos irmãozinhos, sejam muito bem-vindos à nossa humilde casa, onde esperamos que se sintam especialmente à vontade, como se em seus lares estivessem. Como trabalhamos todos para Jesus, nossas casas a Ele pertencem, em qualquer lugar do planeta. Chamo-me Mário Jorge e sou auxiliar dos nobres irmãos Marisa e Joel, – apontou para nós – que por sua vez desenvolvem missões específicas na crosta, onde trabalham em orientações a um grupo de irmãos vinculados à causa espírita, em uma grande instituição fincada no meio da Floresta Amazônica.

– Que Jesus vos abençoe – disse a sorridente Marisa. – Sempre nos colocaremos como vossos servos no que precisarem e estiver ao alcance de nossas possibilidades.

– Certamente – aduzi solícito – nossos irmãos têm muito a nos ensinar com suas experiências decerto ricas no campo do trabalho com Jesus em outras regiões do planeta.

Carl, o irmão que portava o livro sagrado, encerrou o seu mutismo, estimulando-se a externar em palavras os sentimentos que o seu simpático sorriso estampava:

– Amigos, vejo que estamos verdadeiramente na casa do Senhor Jesus, tendo em vistas as demonstrações de afeto com que nos recebem. Perdoem-nos a expressão de surpresa que por certo evidenciamos. Mas imaginávamos, em nossa grande ignorância, que encontraríamos um centro espiritual mais simples e que nossa caravana viria em auxílio do aprendizado. Todavia, vejo que mais temos a aprender que a ensinar.

– De fato – disse o jovem sacerdote Marcelo – confesso que me enchi de presunção quanto às possibilidades de evangelizar nessas plagas, mas vejo que o trabalho com Jesus é igualmente grandioso onde quer que a sua palavra esteja.

Observando que tais afirmações produziam um sentimento acabrunhante aos visitantes, nossa nobre companheira de trabalho tratou de elevar o tom de fraternidade.

– Não se preocupem. Na verdade ficamos felizes porque a impressão dos irmãos que nos visitam é sempre de grata surpresa. No estágio evolutivo em que todos nos encontramos, ainda estamos muito longe de compreender a grandeza do trabalho com Jesus neste planeta, cabendo-nos, tão somente, confiar e trabalhar com alegria nas oportunidades que Ele nos faculta, para o nosso crescimento.

– Sim! – completei – nossa colônia, apesar de ser jovem, tem igual importância na obra do Cristo, tanto quanto as imensas colônias do Velho Mundo, de cujas paragens somos oriundos também. Diferentemente do que ocorre com os países na crosta, onde ainda predomina o egoísmo que fomenta o domínio de uma nação sobre outras, nas colônias em que habitamos reina a solidariedade entre os povos, que se amparam mutuamente, sempre respeitando as diferenças de que ainda somos portadores e que desaparecerão um dia.

– Tens razão, amigo – disse Sarita, sorridente. – Apesar das grandes diferenças culturais que ainda experimentamos, sinto que o trabalho do Senhor é único e que o amor é o fio condutor que une todos os nossos sentimentos em uma linguagem universal.

– Temos inúmeros questionamentos a serem elucidados – disse o jovem sacerdote.

– Sim – completou Carl. – As dúvidas mais se avolumaram e nossa sede de conhecimento é imensa.

Com um belo sorriso, Marisa falou, novamente abraçando os visitantes:

– Ah, meus irmãos! Quem somos nós para ensiná-los?! Mas, no que Jesus nos facultar, estaremos sempre ao dispor!

Algumas palavras de cordialidade ainda foram trocadas entre nós, quando Mário Jorge nos chamou a atenção para a chegada do Ministro Samir, que adentrara ao salão acompanhado de duas entidades femininas, aparentemente visitantes, membros das caravanas presentes. A primeira, jovem senhora vestida com indumentária hindu de cores suaves, exprimia no rosto alegre sorriso, cuja intensidade podia ser percebida pelos fios de luz que dele espraiavam, atingindo-nos. A outra entidade, de cabelos curtos completamente alvos, vestia-se com hábitos de freira, demonstrando no brilho do olhar e em sua luz de azul safirino, intensa alegria pelo intercâmbio que estava iniciando.

Ao perceber o completo silêncio no ambiente, o Ministro Samir se posicionou para iniciar os trabalhos, quando nos falou com sua voz firme, porém doce, a qual todos nós estávamos habituados.

– Amados irmãos da Colônia do Amor, como puderam perceber, nossa tradicional exposição de ano novo, que se inicia, está revestida de singular emotividade para todos nós, ocasião em que recebemos tantos irmãos do trabalho com o Senhor, de diversos pontos de nosso planeta. De acordo com as orientações superiores, as colônias brasileiras estão incumbidas de intercambiar sentimentos fraternais com as demais colônias das distintas regiões da Terra, a fim de que se inicie o compartilhamento de emoções ecumênicas, que granjeará o estabelecimento do processo de unificação espiritual entre as nações. Segundo essas orientações, este milênio não passará antes que o processo de regeneração[3] do planeta esteja consolidado, cujas transfor-

---

[3] **Nota da Editora**: A Gênese, cap. 18, item 9.

mações já se sentem ostensivas em diversos aspectos da organização humana, seja política, social ou religiosa, bem como, no que se refere ao ajuste físico da crosta, parte do qual influenciado pela ação inescrupulosa do homem em relação ao ambiente, o que acaba originando sofrimento para a Humanidade pela respectiva reação da natureza. Este ano de 2010, então, marca o início dessas atividades intercambiais, que se repetirão em intervalos regulares, com visitas mútuas de aprendizado, de trabalho e de estudo em torno dos protocolos que serão estabelecidos em função da diretriz da unificação determinada pelo Senhor. Os próximos anos, portanto, serão de intenso trabalho nesse sentido, no qual estabeleceremos uma agenda regular de ações unificadoras, incentivando a nós mesmos e aos nossos irmãos encarnados à reflexão sobre a importância das relações de amor entre os homens, para o estabelecimento da família universal. Trata-se de trabalho grandioso em que cada um de nós está convidado à reflexão íntima sobre o que espera o Senhor de nós, diante desse novo contexto espiritual. A todos a Providência Divina[4] convida ao testemunho do amor com Jesus, em um novo período de evangelização do planeta, em que, mais que correntes religiosas e suas indisfarçáveis capas institucionais, interessar-nos-á a essência da prática do amor ensinado pelo Cristo e por seus missionários pelo mundo. O testemunho, dessa vez, virá diferente em relação ao ocorrido em milênios anteriores, quando o sofrimento, a dor e o sangue foram a tônica em decorrên-

---

[4] **Nota da Editora**: A Gênese, cap. 2, item 20.

cia da ignorância e da primitividade humanas, quando os apóstolos do Senhor empunharam suas bandeiras evangélicas oferecendo a própria vida. Distintos serão os sacrifícios e as dores, porém não menos profundos, pois que exigirão a renúncia de nós mesmos, a abnegação, a prática da caridade e o esforço constante em torno do exercício do amor. As feras e os circos serão substituídos pela luta íntima de cada um, no palco da vida, onde os bons exemplos se sobreporão aos maus. Por isso que o recambiamento de milhões de espíritos recalcitrantes no mal já se iniciou e muitos estão reencarnando pelas derradeiras vezes[5], para a oportunidade ímpar de se tornarem dignos de habitar o planeta de regeneração em que a Terra se transformará. Deveremos estar preparados, pois, tanto para o sacrifício pessoal, quando seremos convidados ao retorno às lides terrenas para o devido testemunho, quanto para o atendimento fraternal de milhões de espíritos que necessitarão do nosso concurso de orientação e amor, quando do período de transição pelo qual esses irmãos deverão passar. Para esse mister de renovação profunda que o milênio do espírito proporcionará à Terra, é que damos início às atividades de nossa programação, recebendo os nobres e amados irmãos, companheiros do trabalho do bem no mundo. Neste primeiro momento de estreitamento de afinidades, passaremos em torno de trinta dias em estudos profícuos, para depois nos dividirmos em caravanas pequenas, com as quais visitaremos nossos postos de atendimento na crosta. Em nossa querida região

---

[5] **Nota da Editora**: A Gênese, cap. 18, item 27.

amazônica, onde a Providência nos faculta a bênção do trabalho, visitaremos todas as instituições sérias e que de fato trabalham com Jesus na Terra, para o recolhimento das primeiras impressões, destacando pontos em comum e a convergência de ações, que deverão ser fortalecidos cada vez mais.

O ministro Samir fez breve pausa, como se intencionasse que absorvêssemos aquelas palavras de grande cunho anunciador e que nos tocavam profundamente. Podia-se notar a harmonia do ambiente, quando todos mentalmente se ligavam em sentimentos de esperança e confiança na Providência Divina. Parecendo captar nossas mais profundas reflexões sobre o compromisso íntimo diante da tarefa que se anunciava, o venerando ministro seguiu a exposição, em tom mais doce e fraternal:

– Amados irmãos, as notícias que anuncio são para o nosso júbilo e não para o fomento de inquietudes. O trabalhador sincero é sempre feliz quando não lhe falta o valioso concurso do trabalho. Por isso, animemo-nos em Cristo Jesus, confiantes em sua providência que por certo é de amor por todos nós. Neste mesmo momento, estamos obtendo a prova concreta desse amor divino, quando ombreamos com esses irmãos que nos honram com a sua visita, para que conheçam a realidade do trabalho que desenvolvemos em nossa querida Amazônia. Os nobres companheiros do Velho Mundo e do Oriente compreenderão que o nosso débito com esta região verdejante é imenso, em face das inúmeras ações degradantes que nós, ao longo do tempo, vimos desenvolvendo nestas plagas. O processo dito de civilização que impusemos aos povos da floresta, autoritário, escravizante e destruidor, aniquilou as estruturas espirituais que nossos irmãos possuíam, em termos culturais e religiosos[6]. Ao invés da evangelização pelo exemplo fraternal, violentamos as consciências pela catequização invasiva, sem respeitar as diferenças e, de fato, mais objetivando as riquezas de que nossos irmãos eram possuidores, para alimentar a nossa cupidez. A bandeira do progresso era hasteada sob o pretexto falso de soberania e evolução, mas, em verdade, o homem nunca fora o foco central das ações dos governos que se sucederam na locupletação das riquezas regionais. Quis o Senhor, entretanto, que uma de suas bases de renovação do planeta se estabelecesse nesta região de luz, cujo futuro, a partir de então, se mostra radiante, desde que cumpramos a nossa missão regeneradora no mundo. As ações nesse sentido, como disse, já se iniciaram, no resgate espiritual de nossos débitos para com os povos e natureza amazônicos. Os movimentos sociais de igualdade e de direitos humanos se multiplicarão, bem como a mobilização mundial em torno da utilização racional e sustentável dos recursos naturais crescerá, para assim evitarmos o colapso do clima no planeta, caso os vícios da destruição não cessem em curto prazo. Sempre respeitando a lei maior da concessão do livre-arbítrio[7], estimularemos o quanto pudermos a

---

[6] **Nota da Editora**: os colonizadores não respeitaram a cultura indígena, considerando-a inexistente, desprezível, inapropriada. Assim, não somente escravizaram os povos nativos como os destituíram de todos os seus hábitos e tradições. Foi uma violência não somente física, como também psicológica, num brutal processo de imposição de outra doutrina religiosa.

[7] **Nota da Editora**: O Livro dos Espíritos, parte III, cap. 10, questões 843 a 850.

difusão da moral do Cristo em todos os segmentos da sociedade daquela região, em todas as correntes que têm um núcleo sincero em sua estrutura, seja no campo social, político, científico ou religioso. Para tanto, purifiquemos os nossos corações em Cristo Jesus, pois seremos convocados ao trabalho nessa área do terreno social no mundo. Por isso os nossos irmãos caravaneiros estão aqui, para conhecer a realidade de nosso país e, neste particular, da Amazônia, cuja bandeira de preservação passarão a empunhar em todos os cantos do planeta. Aliados à conscientização que se seguirá, os trabalhos da nova evangelização cristã surgirão no mundo e aqui, pela absorção, por parte das religiões, da realidade espiritual que vivemos. À medida que a ciência avançar, corroborará as teorias espirituais da sobrevivência e individualidade do Espírito e suas possibilidades de relação com o mundo corpóreo[8]. Uma a uma, as correntes cristãs se unirão em torno de uma só verdade: a de que tudo existe pelo amor de Deus, para a nossa felicidade. As consequências dessa constatação serão sentidas em todas as nações, com a inevitável reforma de suas leis e tratados de convivência, que a nova ordem de relação com Deus exigirá. A própria consciência humana entenderá que o amor de uns pelos outros, sem distinção de qualquer espécie, é o único caminho a ser seguido, o qual garantirá a paz e a felicidade no mundo. Novas nações surgirão, em blocos maiores, unidas pelas afinidades culturais e naturais, onde o homem, enfim, viverá dias de verdadeira solidariedade, trazendo o reino de Deus à crosta, assim como foi anunciado pelo Cristo Jesus.

---

[8] **Nota da Editora**: O Evangelho Segundo o Espiritismo, cap. 1, item 8.

Preparemo-nos, pois, para sermos dignos de vivenciar as emoções advindas desses dias de transição, em que o milênio passará célere. Cada um de vós inicia agora a vossa jornada, e deveis vos amparar mutuamente pela afinidade que já percebeis no acolhimento inicial que se processou com a chegada das caravanas do Oriente e do Ocidente. Que Jesus Cristo nos abençoe nesta oportunidade de trabalho que a nós é concedida, pelo acréscimo de sua imensa misericórdia e pelo amor eterno que Ele a nós dedica. Muita paz, meus amados!

O ambiente do imenso salão de eventos se enchia de luzes brancas e azuis, que caíam do mais alto, parecendo abençoar a todos nós que tínhamos a honra de viver aqueles momentos de anunciação dos novos tempos para os quais éramos convocados a trabalhar. A dispersão silenciosa e fraternal dos presentes demonstrava que todos estávamos emocionados com tamanha tarefa, e felizes pela confiança do Senhor Jesus em nossa humilde vontade de cooperação.

Preparação

Capítulo II

Os dias que se seguiram foram de intensa preparação na Colônia do Amor. Nós e os irmãos caravaneiros nos dividimos em pequenos grupos, cada um com dez participantes e um orientador habilitado a nos esclarecer nas atividades em que iríamos enveredar. Assim, em um belo entardecer, quando o sol nos deixava momentaneamente para que a lua e as estrelas nos presenteassem com seus brilhos celestiais, encontrávamo-nos em diálogo de estudo em torno de questões importantes sobre o nosso aprendizado, cujas elucidações eram bondosamente explanadas pelo irmão Samuel:

– Devemos ponderar, meus amigos, que a nossa reunião de caráter ecumênico encerra um simbolismo maravilhoso para todos nós. Quanto não teríamos avançado na crosta se todas as correntes religiosas do mundo se preocupassem mais com os ensinamentos morais prescritos em todos os ditos livros sagrados, seja qual for o entendimento religioso que exista, desde que oriundo dos verdadeiros missionários do Senhor? Quantas guerras teriam sido evitadas, e quão mais próximos de um mundo regenerado estaríamos?

Carl, o irmão da Irlanda, portando sua inseparável Bíblia Sagrada, perguntou calmamente:

– Mas não devemos considerar, então, todos os preceitos escritos na Palavra do Senhor? Se eles ali estão colocados não foi pela permissão e orientação divina?

– Sim, meu caro irmão. Ao longo da história humana, no nosso relacionamento com Deus, vivemos inúmeras experiências de contato dos encarnados com os missionários de sua vontade, cujo resultado foi a produção de diversas obras que orientam o homem na senda da evolução espiritual. Precisamos entender, todavia, que nem todos aqueles que se sucederam na manutenção desse conteúdo sublime possuíam elevada condição espiritual para vencer suas paixões, geralmente movidas pelo interesse próprio, tendo eles fracassado[9] na tarefa de manter íntegros os ensinamentos ao longo do tempo. Ao invés de depurar-se com as observações das orientações superiores, o homem criou novas regras de conduta de cunho externo, que ainda escravizam mentalmente aqueles que seguem essa ou aquela corrente religiosa. A "Palavra do Senhor", portanto, deve ser motivo de nossa atenção, para que saibamos "separar o joio do trigo", lançando fora tudo aquilo o que não agrega valor de fato à evolução humana.

---

[9] **Nota da Editora**: O Livro dos Espíritos, parte II, cap. 10, questão 578.

– Querido Samuel – interveio o jovem sacerdote Marcelo – deves saber que as estruturas formais religiosas estão muito bem assentadas em uma organização sólida. Penso que desmontar essa estrutura não será tarefa assim tão fácil.

– Tens razão, meu amigo. – disse Samuel, exprimindo um tom mais introspectivo – Mas devemos confiar na intervenção superior, que nunca faltou à Humanidade. Ademais, não seria oportuno refletirmos acerca das grandes transformações espirituais por quais passou o nosso planeta[10] ao longo desses dois últimos milênios? Antes de os ensinamentos do Cristo se espalharem pelo mundo, não vivíamos sob o guante do paganismo, que também se assentava em estruturas sólidas da organização humana? Após Constantino houve grande mudança de polo catalisador do divino, mas o homem, em sua organização, apenas trocou os templos dedicados ao *Sol Invictus* pela bandeira cristã, espalhando-a também em grandiosas construções de pedras e ouro, mas afastando-a da essência do amor[11]. Tudo ocorre sem sola-

[10] **Nota da Editora**: A Gênese, cap. 18, itens 1 a 7.

[11] **Nota da Editora**: a religiosidade no Império Romano caracterizou-se primordialmente pelo paganismo, merecendo destaque a conversão do culto ao deus Sol Invictus em religião oficial no governo do imperador Aureliano. Nesse panorama de crenças pagãs é que o Cristianismo nasce e começa a desenvolver-se, deparando-se com perseguições sistemáticas imperiais aos cristãos, muito embora tenham vigorado durante poucos anos, os éditos de tolerância do imperador Galieno. A situação de clandestinidade dos profitentes da fé cristã permaneceu até o governo do imperador Constantino, quando não só deixaram de ser perseguidos oficialmente, como passaram a ter os mesmos direitos dos seguidores das religiões pagãs. Quase 400 anos depois de seu surgimento, durante o governo do imperador Teodósio I, o Cristianismo tornou-se a religião oficial do Império Romano e, nessa condição, a maioria de seus adeptos não tardou a repetir cultos, ritos e dogmas afastados da essência da verdadeira espiritualidade, muito embora almas heroicas tenham vivenciado o genuíno amor aos desafortunados e deixado exemplos de ardente fé.

vancos, de acordo com o livre-arbítrio humano, e não temos dúvidas de que a missão da nova evangelização nos é um grande desafio, mas que será vencido, porque essa é a vontade de Jesus.

Mirando o nosso olhar fixo e percebendo a nossa concentração em torno do interessante tema, Samuel continuou:

– É imperioso acrescentar, irmãos, que a estrutura das organizações religiosas humanas não precisa ser desmontada, mas sim reformada em sua essência, para que enxerguem, enfim, que o amor de Deus a tudo preside e que Ele é o mesmo para todos nós.

– E como será possível essa reforma se não vemos senão uma competição entre as correntes religiosas, disputando acirradamente cada ovelha para seu rebanho? – perguntou Sarita, com raro semblante introspectivo.

– A reforma virá, minha nobre Sarita, quando o véu da ignorância cair de sobre a face do homem. Nesse particular, a ciência será de fundamental importância, porquanto os estudos sobre as potencialidades espirituais do homem e sua relação com o Mundo Maior serão cada vez mais intensos. E somente as doutrinas baseadas em fé aberta à razão resistirão aos ventos das mudanças, pois que estas já são vividas em seu cotidiano. O processo de convergência será natural e o homem se decidirá pela adaptação, assim como a criança que não se interessa mais pelas brincadeiras infantis, quando atinge a juventude.

Profundamente admirados pela lógica da informação, nossos companheiros de jornada refletiam intimamente sobre as palavras de Samuel. Aproveitando o tema da mudança, usei a palavra para contribuir:

– Haverá, então, correntes religiosas mais próximas dessa realidade em todos os cantos do planeta?

– Sim, meu caro Joel. As verdades do Consolador Prometido já se encontram no mundo, espalhando o entendimento do novo planeta que surgirá. Em todos os lugares da Terra, as correntes espiritualistas crescem, muitas delas ainda ancoradas em acessórios desnecessários, mas serão as primeiras a se ajustarem às mudanças, face à intimidade que já possuem com o intercâmbio espiritual. Quando os ventos da mudança soprarem fortes, as descobertas da ciência se espalharão rapidamente, pois o homem já terá consolidado os meios de comunicação instantânea pelo globo e nenhuma verdade poderá ser mais omitida por muito tempo. Perturbações momentâneas surgirão no seio das estruturas religiosas mais aquilatadas, pois as evidências da Nova Era serão inquestionáveis, forçando os líderes religiosos a incorporarem a vontade de seus seguidores, que enveredarão rumo à Verdade.

Marisa, que se encontrava até então em silêncio, aproveitou para indagar a respeito de nossas atividades:

– Samuel, diante do que ouvimos do ministro Samir, bem como de tuas elucidações, as nossas incursões à crosta com os irmãos caravaneiros terão caráter de estudo. Qual será o efeito desse estudo para o que se anunciou, tendo em vista o ecumenismo que estamos vivendo?

– Devemos refletir, nobres amigos, que as convenções de ecumenismo só existem pelo nosso excessivo apego à forma em detrimento da essência. Não somos todos nós iguais perante Deus, que nos trata como filhos amados? A lua que se aproxima, emoldurada pelas brilhantes estrelas, não ilumina a noite de todos os seres, sem nenhuma distinção? O primeiro sentimento que deveremos fomentar, portanto, é o da fraternidade universal. Todos nós seremos convidados ao testemunho nas lides da crosta, quando voltaremos ao corpo físico para nos enfileirarmos nas organizações sociais humanas, com o objetivo de reformá-las, segundo as leis morais apresentadas pelo Cristo. Daqui surgirão desde o simples colaborador humilde, aos novos governantes, políticos, líderes religiosos, cientistas, filósofos e educadores, que estarão preparados para revelar aos homens as verdades espirituais que vivemos. Nosso trabalho com os irmãos caravaneiros, em especial, é o de observarmos iniciativas que já se desenvolvem na crosta e que fomentam essa realidade de intercâmbio espiritual, de acordo com os preceitos de Jesus. Os representantes das correntes religiosas no mundo que aqui se congregam e irão conosco nessa jornada, ao retornarem levarão consigo as impressões práticas desse relacionamento benéfico, multiplicando essas impressões em seu seio religioso.

– Mas todos já não vivemos essa realidade no plano espiritual, independentemente da religião? – perguntou Mário Jorge, expansivo.

– Sim, meu querido jovem, mas não devemos olvidar que nos reunimos, em qualquer lugar que estejamos, pela afinidade de sentimentos[12]. Os irmãos religiosos não são diferentes. Deus não violenta o livre-arbítrio e faculta essa reunião, pela lei da afinidade, para que a mudança seja percebida naturalmente pelo homem. Nossos irmãos são líderes em suas comunidades e já reconhecem essa necessidade de convergência de suas crenças com todas as outras, em direção ao amor universal ensinado pelo Cristo.

Carl, que parecia profundamente impressionado, aproveitou para indagar:

– Então quer dizer que, no futuro, todas as igrejas serão unificadas[13]?

– Em etapas paulatinas, de certo modo, sim – respondeu Samuel, olhando para o firmamento. – Mas, para Deus, não importa se existirão uma, duas ou mais correntes religiosas, e sim se em suas essências o amor é vivenciado. Ademais, em muitos povos, a cultura regional é de tal modo arraigada que não permitirá uma convergência religiosa homogênea, em todos os sentidos. Contudo, assim como existem em nossa esfera diferentes zonas de espíritos superiores, mas que cumprem a Lei de Amor[14] em sua totalidade, no plano físico poderá o homem cumprir suas obrigações filiais para com Deus, amando seus irmãos, mesmo

---

[12] **Nota da Editora**: O Livro dos Espíritos, parte II, cap. 6, questão 278.

[13] **Nota da Editora**: A Gênese, cap. 18, item 19.

[14] **Nota da Editora**: O Evangelho Segundo o Espiritismo, cap. 11, itens 8 a 10.

que mantenha suas culturas regionais. Com as religiões não será diferente, pois haverá a fusão daquelas mais afins e verdadeiras em sentimento, mas todas, sem exceção, estarão considerando as verdades do relacionamento espiritual em suas práticas.

Percebendo que os nossos visitantes se recolhiam em pensamentos assaz preocupados, Samuel exprimiu-se em tom menos solene, falando nestes termos:

– Os nobres irmãos devem, assim como todos nós, ficar tranquilos e confiantes, pois, como disse, nenhuma mudança se opera em solavancos, segundo as leis de Deus. Vejam que Jesus trabalha há mais de dois milênios e o homem ainda não O compreendeu. Mas, nem por isso, o Cristo nos deixa desanimar, pois sabe que ainda somos como crianças que se distraem com seus brinquedos.

A palestra amiga com nosso instrutor ainda perdurou algumas horas, quando precisamos encerrar as atividades de preparação e nos dirigimos uns para o recolhimento noturno[15], outros para o trabalho com os irmãos encarnados, que vinham periodicamente até nós, durante o momento do sono físico. Nesse particular, fazendo parte do segundo grupo, eu e Marisa seguimos até o grande salão de eventos, onde iríamos nos reunir com diversos líderes religiosos encarnados, em trabalho também de preparação às atividades que estavam sendo desenvolvidas. Assim, em torno das

---

[15] **Nota da Editora**: O Livro dos Espíritos, parte II, cap. 6, questão 254.

vinte e três horas do horário terrestre, grupos de espíritos encarnados foram sendo trazidos por nossos trabalhadores e posicionados nos diversos assentos para aguardarem o início dos estudos. Raphael, um dos trabalhadores que acompanhava os nobres companheiros de uma instituição vinculada ao trabalho espiritista com Jesus, aproximou-se de nós e, após as fraternas demonstrações de afeto, disse-nos com olhar ponderado:

– Hoje tivemos muitas dificuldades para reunir nossos líderes do trabalho com Jesus.

– Entretanto, o número de irmãos parece ser expressivo – disse, percebendo o ar de preocupação do amigo.

– Sim, mas a programação inicial contava com uma quantidade três vezes maior.

– Três vezes? – perguntou Marisa, estupefata – Mas o que ocorreu para que houvesse uma diferença assim tão grande entre o previsto e o efetivamente realizado?

Raphael olhou para a lua e para as estrelas, enchendo-se de emoção em seus olhos, que pareciam marejados de amor. Virando-se para nós, respondeu-nos emocionado:

– Amigos, o amor que sinto por nossos irmãos que hoje labutam nas esferas da carne é muito grande, de tal modo que não há como deixar de compreender as dificuldades pelas quais passam. Cada um desses nossos companheiros possui uma história de vida rica, na qual, entretanto, há heranças de vícios e de paixões que lhes impedem a marcha no ritmo que já poderiam empreender, se assim o quisessem.

Virando-se novamente em direção ao firmamento, Raphael continuou a falar, dessa vez em um tom mais grave e íntimo:

– Por isso, apesar do convívio constante com a realidade do intercâmbio espiritual, que lhes poderia ser elemento de fortalecimento da convicção sobre a doutrina que abraçam, poucos são os que verdadeiramente se mantêm impregnados das vibrações salutares nas quais mergulham, quando executam suas atividades em nossa instituição. A maioria, infelizmente, estagia na indecisão íntima, apresentando sinais de melhorias comportamentais ainda ínfimos, uma vez que não conseguem vencer a si mesmos e agir no mundo cotidiano da mesma forma como exercitam as ações nos círculos espíritas. Durante o decorrer das atividades são exímios trabalhadores, utilizando a palavra fácil, o cabedal de conhecimentos e até mesmo exprimindo fortes emoções no atendimento fraterno. Todavia, os que assim permanecem ao sair da Casa de Amor em que atuam são facilmente identificados, pelo inexpressivo número que totalizam.

Profundamente sensibilizado e envolvido pela emoção que as palavras de nosso companheiro irradiavam, falei em tom de solidariedade:

– Devemos entender, meu amigo, que a vinculação regular de nossos irmãos ao trabalho já é um avanço em suas vidas...

– Sim – respondeu Raphael, voltando-se para nós – essas palavras não são de desânimo, pois a confiança na misericórdia divina para com todos nós move as minhas ações.

O tom pelo qual me expresso apenas revela a minha emoção, tal qual a de um irmão mais velho preocupado com os seus irmãos mais novos, sabedor, porém, de que o exercício constante no bem lhes trará o aprimoramento, de tal modo que um dia suas casas mentais serão o reflexo perfeito do comportamento fraterno no trabalho espírita, onde quer que estejam.

– Considerando que tal realidade ainda, para a maioria, é desafio do presente para efetivação futura, quais as orientações de nossos mentores para o auxílio ao trabalho desenvolvido? – perguntou Marisa, também emocionada.

– São muitas as ações de mudança, minha irmã. – disse Raphael, calmamente – Em primeiro lugar, em reuniões como esta, fortaleceremos os vínculos do pretérito, lembrando-os dos compromissos assumidos, das responsabilidades cármicas, da necessidade pessoal da continuidade da mudança já iniciada. Depois, de forma sistemática, lembraremos que o foco central é o amor que nos une ao trabalho e nos faz caminhar juntos. Este o motivo de nossas constantes intervenções mais ostensivas, quando se criam as oportunidades de manifestação em reuniões próprias. Os laços de amor devem ser estreitados, para que as mudanças necessárias sejam empreendidas. Além dessas ações voltadas para o indivíduo e para o coletivo, no campo das emoções, outras ações de organização, de novos projetos e de ampliação do intercâmbio espiritual já estão sendo implantadas.

– Essa realidade enfrentada por nós e por nossos irmãos me parece um bom tema de estudo a ser tratado com os companheiros caravaneiros, quando nos dirigirmos à crosta –disse, aproveitando para planejar as próximas ações.

– De fato, Joel! – aditou Raphael –Decerto deveremos abordar os benefícios das atividades que executamos, mas também é imperioso que mostremos as nossas dificuldades e como nos preparamos para enfrentá-las, tendo em vista que os nossos irmãos, com certeza, experimentarão os percalços comuns à realidade evolutiva no planeta.

Dito isso, voltamo-nos à reunião de estudo, na qual nossos instrutores se preparavam para mais uma conversa de fortalecimento íntimo dos líderes que trabalham com Jesus, na construção do bem em terras amazônicas. A assembleia era constituída de membros e trabalhadores de várias correntes religiosas, que se apresentavam em condições distintas, considerando as expectativas para a reunião.

Possuindo diferentes níveis de entendimento da realidade espiritual, mostravam-se uns aparentemente desconcentrados, como se estivessem em profundo sono, outros, os mais habituados ao intercâmbio, pareciam mais conscientes e atentos aos movimentos. Marisa, que também observava esse detalhe, perguntou-me o motivo de tanta diferença de sintonia entre os irmãos encarnados.

– O problema aqui não se trata de simples dificuldade de sintonia, visto que todos os nossos irmãos – se foram escolhidos para integrarem esta reunião – mantêm uma ligação mental conosco, na cooperação do trabalho com Jesus. O que vemos é simplesmente a preponderância do orgulho e da vaidade em detrimento à essência do amor universal, que todos pregam, mas poucos praticam. Os que permanecem em estado quase sonambúlico são os líderes que trabalham de forma prática no bem em nossas terras, defendem a vida, arvoram-se pela preservação da floresta e dos povos menos aquinhoados e divulgam o Evangelho do Senhor. Todavia, falta-lhes aceitar a realidade do intercâmbio espiritual, por causa dos dogmas que empunham como bandeira. Mesmo no momento do desprendimento parcial, lutam consigo mesmos, apesar de terem a consciência de que estão cercados de entidades protetoras, que chamarão de anjos do Senhor quando despertarem no dia seguinte. Os outros irmãos são os que aceitam e pregam, em seu cotidiano doutrinário, estas realidades de intercâmbio entre as duas esferas, e até mesmo, em suas preces, colaboram com a nossa ação, quando rogam o nosso concurso no sentido de lhes darmos a oportunidade de serem úteis, de alguma forma, no momento do sono corporal.

– Mas, para os primeiros, haverá utilidade em participar destes estudos na condição em que se encontram? – perguntou Marisa, interessada pelo aprendizado.

– Como não? – disse – Apesar das reticências em que se debatem mentalmente, no fundo sentem a nossa presença e captam a essência dos ensinamentos e das exortações aqui explanadas. Quando acordarem se lembrarão vagamente[16], mas estarão certos de que os "anjos de Senhor" os orientam para essa ou aquela direção a tomar, sendo isso bastante útil para o bem que desempenham no mundo, que, em verdade, é o que importa para Jesus.

Verificando que os nobres instrutores iriam iniciar os estudos, unimo-nos à assembleia para a concentração necessária, a fim de colaborarmos com a harmonia reinante. À frente dos trabalhos estavam cinco irmãos, entre os quais a irmã Clara, nobre orientadora dos estudos do Evangelho em nossa colônia, que iniciou a reunião, convidando-nos ao recolhimento em prece de agradecimento a Deus:

– Deus Pai de infinita bondade! Quis a vossa santa misericórdia que estivéssemos aqui, em vosso nome, para exercitarmos a prática do amor que nos ensinastes, por meio do exemplo de nosso irmão e protetor maior, Jesus. Emocionados pela causa que nos compete executar, na oportunidade bendita de resgate do nosso passado menos nobre, encontramo-nos reunidos nestas terras que amamos por demais, as quais nos comprometemos em proteger com todas as forças que o amor do Cristo nos ensinou. Porque ainda somos vacilantes em nossas ações e porque sem Vós não somos nada, Senhor, rogamos a vossa proteção e o vosso amparo divinos, para que possamos desempenhar a missão que nos incumbistes, com o necessário esmero. Abençoai os nossos melhores propósitos, estendendo o vosso amor

---

[16] **Nota da Editora**: O Livro dos Espíritos, parte II, cap. 8, questões 410 e 410a.

a estes corações que hoje se dignaram a estar aqui conosco, mais uma vez, para o fortalecimento de nossos laços e dos compromissos assumidos. Ajudai-os, Senhor, na empreitada em que se encontram, quando as dificuldades que se apresentarem no mundo físico os tomarem de assalto, como provas necessárias, de modo a que estejam preparados para o desafio de enfrentá-las e vencê-las. Que o vosso amor seja o guia a nos direcionar à prática do bem e à construção de um mundo regenerado. Assim seja!

Víamos uma chuva de luz invadir o nosso ambiente, abençoando nossos propósitos de trabalho. Os irmãos encarnados, sem exceção, baixando suas frontes em sinal de respeito, eram ricamente beneficiados com as energias que do alto irradiavam, parecendo que tais forças lhes confortavam o espírito cansado das lutas do plano físico. Após a prece, irmã Clara iniciou a reunião de estudo, explicando os objetivos da mesma, com seu singular sorriso fraterno:

– Queridos companheiros, irmãos do trabalho com Jesus! Todos os que aqui estamos fomos convidados à tarefa sublime nos dois planos da vida. Por isso, para que os nossos laços de afeto se estreitem cada vez mais, colaborando na motivação necessária à consecução de nossos trabalhos no bem, nos reunimos regularmente a fim de abordarmos os ensinos do Mestre Jesus, roteiro único de nossas vidas. Hoje, porém, nossa singela reunião está revestida de caráter mais sublime, em face das atividades que se iniciaram, no intercâmbio com irmãos representantes de religiões de vários pontos do planeta.

Em breve pausa, a voz suave da irmã Clara voltava-se aos integrantes da mesa central, que a ouviam com atenção:

– Não por outro motivo, nossa mesa hoje está composta por representantes das mais numerosas correntes religiosas em terras da Amazônia. Nosso irmão, Padre Benedito, é trabalhador incansável que apoia uma das mais operosas instituições católicas de nossa região, os Salesianos, que são nobres irmãos discípulos de Dom Bosco. Ao seu lado esquerdo está o nosso querido irmão Tekami, espírito valoroso no trabalho com os irmãos indígenas e demais povos da floresta, que se reúnem em torno da paz e da preservação de nossas matas. Ao meu lado direito, nosso amado irmão Carlos Theodoro Gonçalves[17], digno trabalhador de uma grande instituição espírita da região, representando os irmãos que divulgam o bem pela Terceira Revelação. Por fim, à minha esquerda, nosso irmão Júlio César, distinto representante das correntes evangélicas, vinculado à tradicional Igreja Batista, cujas bases estão fincadas em nossa região há mais de um século.

---

[17] **Nota da Editora**: o coronel Carlos Theodoro Gonçalves era natural da cidade de Viana, no Maranhão, transferindo-se com a família para Manaus em meio ao apogeu da borracha. Esteve à frente de várias atividades espíritas, como as da Sociedade de Propaganda Espírita. Foi o fundador e responsável pelo primeiro jornal espírita amazonense, o Mensageiro, que teve sua primeira edição em 1º de janeiro de 1901, sendo um dos veículos que mais contribuiu para a divulgação das ideias espíritas em âmbito local. Tinha envolvimento com outros jornais, chegando a estar à frente do jornal "Quo Vadis?", que fazia jornalismo em oposição a Silvério José Nery (governador do Amazonas, 1900-1904), e que teve sua sede incendiada, em circunstâncias suspeitas, perdendo todos os seus arquivos. Foi presidente da Federação Espírita Amazonense de 1º de abril de 1915 a 21 de fevereiro de 1916. Documento datado de 16 de junho de 1919 atesta que Theodoro doou o Mensageiro para a federativa amazonense.

– Como tema de hoje – continuou a nobre irmã – iremos abordar significativa lição evangélica, para a qual peço aos nobres irmãos da mesa que teçam seus valiosos comentários, cada qual envolvido com a vibração de suas realidades.

Utilizando-se de uma pequena tela translúcida que se materializara[18] à sua frente, tal qual um holograma em formato tridimensional, irmã Clara iniciou a leitura dos versículos 20 a 28, capítulo 20 do Evangelho segundo Mateus:

– Então, a mãe dos filhos de Zebedeu se aproximou dele com seus dois filhos e o adorou, dando a entender que lhe queria pedir alguma coisa. – Disse-lhe ele: que queres? Manda, disse ela, que estes meus dois filhos tenham assento no teu reino, um à tua direita e o outro à tua esquerda. – Mas, Jesus lhe respondeu: não sabes o que pedes. Podeis vós ambos beber o cálice que eu vou beber? – Eles responderam: podemos. – Jesus lhes replicou: é certo que bebereis o cálice que eu beber; mas, pelo que respeita a vos sentardes à minha direita ou à minha esquerda, não me cabe a mim vo-lo conceder; isso será para aqueles a quem meu pai tem preparado. – Ouvindo isso, os dez outros apóstolos se encheram de indignação contra os dois irmãos – Jesus, chamando-os para perto de si lhes disse: sabeis que os príncipes das nações as dominam e que os grandes as tratam como império. – Assim não deve ser entre vós; ao contrário, aquele que quiser ser o primeiro entre vós seja

---

[18] **Nota da Editora**: A Gênese, cap. 14, item 3.

o vosso servo; do mesmo modo o Filho do homem não veio para ser servido, mas para servir e dar a vida pela redenção de muitos.

Após a leitura edificante, irmã Clara, com o olhar dirigido ao irmão Padre Benedito, passou-lhe a palavra, para que iniciasse os comentários:

– Irmãos, para mim em particular, essa leitura toca profundamente os meus sentimentos, enchendo-me de emoções! Quantos de nós não nos arvoramos em querer disputar palmo a palmo os fiéis que chegam às nossas igrejas em busca de paz íntima, pensando que pela quantidade de membros vinculados à nossa religião é que a colocaremos em um lugar de destaque no reino dos céus? Ao voltarmos à realidade do espírito imortal, entretanto, despertamos as nossas consciências, verificando que o mais importante em qualquer Igreja não é o seu tamanho, a sua suntuosidade ou a quantidade de seus membros, mas sim o sentimento que nos envolve na fraternidade mútua e nas demonstrações práticas do amor ensinado por Nosso Senhor! Neste aspecto, em uma Igreja com milhares de seguidores, podemos contar os poucos que, de fato, estão aptos a "beber o cálice" do Cristo, testemunhando o seu Evangelho... Fica a reflexão, amigos, para que examinemos a necessidade de implantarmos as mudanças em nosso proceder, priorizando o sentimento sincero do amor, afastando-nos da contabilidade dos números humanos, para deixar que o "servo" que existe em nós trabalhe em favor de muitos e, de fato, passe a ganhar destaque aos olhos de Nosso Senhor.

Verificando que o nobre padre sentava-se, concluindo o seu comentário, o irmão Tekami, por sua vez, levantou-se para também dar a sua contribuição:

– Irmãos, chamo a atenção, nas letras evangélicas, das perguntas de Jesus à esposa de Zebedeu, quando esta "dava a entender que queria pedir alguma coisa". Em sua divina sabedoria, o Cristo a interpelou dizendo "Que queres?". Vejamos que a interrogação do Mestre transmite ao suplicante toda a responsabilidade pelo conteúdo de suas súplicas, que será sempre mais ou menos elevado, de acordo com o grau de adiantamento daquele que pede. De nossa parte, tocou-me a reflexão sobre o que queremos do Cristo, quando estamos trabalhando em suas fileiras de amor. Será que, assim como no exemplo do trecho evangélico, estamos pretendendo as honrarias humanas, os postos do poder efêmero, o reconhecimento atiçador da vaidade ou flores de homenagens daqueles aos quais distribuímos a migalha da fraca luz espiritual que possuímos?! Será que o nosso engajamento é cheio de interesses pessoais, como se fosse trampolim para o atendimento de nosso orgulho e egoísmo ainda tão presentes?! O que queremos do Cristo?! Cada um de nós, meus amigos, e eu digo por mim, deve realizar esta pergunta em todos os momentos da existência, pois a nossa resposta nos mostrará que caminho estamos percorrendo. Se ela nos mostrar que nossas expectativas são as de nos sentarmos ao lado do Senhor em posição de destaque em seu reino, há a necessidade imperiosa de refletirmos maneiras de retornar ao rumo edificante, para que o cálice que iremos beber pelo Cristo não seja de amargo gosto, com inúteis sacrifícios sem amor! Este sentimento que deve presidir as nossas ações, o amor, é que precisamos cultivar, principalmente nós, líderes de agrupamentos humanos, cujos exemplos de ações nobres e edificantes se tornam mais exigidos, para que todos os que nos cercam percebam a presença do Cristo em cada palavra e em cada ato de nossa autoria.

Encerrando os seus comentários pertinentes, Tekami passou a palavra ao nosso irmão Carlos Theodoro, que, levantando-se, buscou com o olhar na assembleia, os irmãos da lide espírita, falando em tom grave, mas fraterno:

– As lições do Evangelho sublime do Cristo, meus irmãos, são sempre renovadoras de sentimentos. A cada leitura, mesmo que repetida, podemos beber de sua fonte inesgotável, saciando a nossa imensa sede de sabedoria! As recomendações de Jesus são sempre atemporais, porque verdadeiras, tendo em vista que a Verdade nunca passa, nunca se invalida, nunca é revogada. No trecho do nosso estudo de hoje, em particular, peço vênia aos nobres irmãos, companheiros que ombreiam conosco nas lides cristãs das diversas frentes da luta em marcha, para me dirigir aos amados irmãos do trabalho espiritista. Queridos irmãos, espíritos-espíritas, relembro a afirmação do Cristo aos dois jovens apóstolos: "É certo que bebereis o cálice que eu vou beber..."[19]. Tal assertiva é de profundo significado para os nossos trabalhos na seara cristã, por meio do Consolador Prometido[20]. Temos a consciência do conteúdo do cálice

[19] **Nota da Editora**: Mt 20, 23.

[20] **Nota da Editora**: Jo 14, 16-17.

do Cristo? Estamos preparados para o testemunho de segurarmos a taça divina e a levarmos ao encontro do nosso espírito? Todo aquele que trabalha no bem, meus irmãos, e que traz em punho a bandeira do Mestre Maior, enfrentará as "feras dos circos" inferiores da alma, que há muito tempo nos devoram as resoluções de dedicação à causa do Senhor. Mas hoje, meus filhos, chegou a hora de substituirmos o "Ave, César" pelo "Ave, Cristo"! As honras do mundo não devem mais nos iludir, mas sim, as honras do trabalho com Jesus devem nos animar, trabalho este que nos dá a paz de consciência, a cada sacrifício que nos dispomos a executar, a cada lágrima que derramamos em seu nome, a cada irmão necessitado que nos procura e que atendemos com amor. O cálice do Cristo já está em nossas mãos, cabendo a nós enchê-lo com a nossa cota de entrega e dedicação, tomando-o em testemunho do amor que já possuímos e que, com as bênçãos do Senhor, iremos espalhar em todos os cantos de nossa querida e pujante Amazônia. Muita paz!

A sonora voz do irmão Theodoro encheu o ambiente, causando-nos agradáveis sentimentos de paz, a despeito das profundas reflexões sugeridas pelo valioso trabalhador das frentes espiritistas, que labuta em torno do Consolador desde a sua chegada em nossas terras, ao final do século XIX.

Tomando a palavra, o nosso companheiro Júlio César, que ouvia a tudo bastante compenetrado, falou-nos com sentida emoção:

– Irmãos em Cristo Jesus! Passamos a nossa última existência no plano físico estudando as escrituras que servem de base à nossa causa evangélica no mundo e pela qual os homens justificam a criação de novas igrejas a cada dia. Aprofundamo-nos na Teologia, discutimos como exegetas apostólicos e, muitas vezes, confrontamo-nos com nosso companheiro da mesma lide ou com irmãos de outras correntes cristãs, disputando, como generais de guerra, o cetro da verdade no mundo. Todavia, quando a realidade espiritual se nos apresentou viva, fascinante e implacável cobradora de nossos atos, percebemos o quanto fomos imaturos espiritualmente, e o quanto desperdiçamos as oportunidades de amar e servir. "Aquele que quiser ser o primeiro entre vós seja o vosso servo". Mas quantos de nós observamos esta singela orientação, compreensível pela mais simples criatura e pelo mais estudioso teólogo?! Quantos de nós temos a coragem de vencer o orgulho e a imensa vaidade para nos colocarmos em posição de servos dos semelhantes?! Observamos, amados irmãos, que se todos nós que lutamos nas frentes cristãs na Amazônia passássemos a servir uns aos outros, nenhuma dissidência haveria, nenhuma disputa egoística existiria, e toda a incompreensível competição espiritual que temos observado nos últimos tempos seria encerrada, por não ter razão de ser. De nossa parte, dirigindo-me aos amados irmãos das igrejas evangélicas, precisaremos exercitar mais ainda esse preceito da Palavra do Senhor, pois as nossas convicções teológicas deverão ser repensadas, quando as incontestes verdades da ciência se nos apresentarem também como verdades de Deus. A ideia de uma "salvação" alcançada por meio do sectarismo e do exclusivismo deverá ceder lugar ao exercício do amor ao próximo e à conquista de uma consciência reta, pautados em uma grande cota de sacrifícios pessoais. Servir ao próximo nos fará ser realmente reconhecidos como apóstolos do Cristo na Terra, facultando-nos a verdadeira autoridade para nos arvorarmos a alardear a nossa felicidade em labutar com Ele no mundo, juntamente com tantas outras igrejas e correntes religiosas, que passaremos a compreender e a amar. Lembremos, pois, que a essência desse servir está no amor! "Amai os vossos inimigos, fazei o bem aos que vos odeiam, bendizei os que vos maldizem, e orai pelos que vos caluniam"[21], disse o Cristo. Por isso, reflitamos se assim estamos procedendo e cuidemos para assim nos comportarmos, pois somente dessa forma estaremos verdadeiramente sendo servos de todos!

A grande sala experimentou momentos de profunda beleza, pois que víamos luzes em forma de pétalas caírem do mais alto, durante a fala do nobre irmão batista. Retomando a palavra de condução do estudo, irmã Clara, que demonstrava nos olhos sua emoção, ainda nos falou, em complementação simples e tocante, encerrando a atividade da noite:

– Meus amados corações, agradecemos os ricos comentários de nossos irmãos em Cristo! Por nossa vez, pedindo licença aos nobres amigos para que meu coração de mãe e de mulher fale mais alto em meu sentimento, destacamos a participação da querida esposa de Zebedeu no

---

[21] **Nota da Editora**: Lc 6, 27-28.

trecho evangélico. Em uma primeira leitura apressada, somos, de imediato, tentados a recriminar o comportamento daquela mulher, execrando-a, como se apenas o interesse material lhe dominasse o espírito, quando rogou ao Cristo a reserva, para seus filhos decerto amados, de dois lugares ao seu lado no reino de Deus. Contudo, meus queridos, como podemos condenar o amor de mãe, quando age em favor de sua prole, sem prejudicar os outros? Estava a mãe de João e Tiago pedindo para desconsiderar esse ou aquele discípulo, rogando favores sem merecimento, ou agindo sorrateiramente como acontece no jogo de poder do mundo ainda egoísta? Não, meus queridos. Ela, ao contrário, "adorou" o Cristo antes de pedir. Humilhou-se reconhecendo a superioridade do Mestre, para lhe pedir não em seu nome, mas em nome do maternal e humano amor que sentia por seus filhos, que iniciavam a sua redenção de vida. Qual a mãe do mundo que não se sente feliz ao ver os seus filhos encaminhados, em roteiro seguro de construção da própria felicidade? Qual a mãe do mundo que não enfrenta filas de espera, dificuldades e renúncias para pedir em favor de seus rebentos? Por isso, irmãos, rogo a todos que saiamos daqui com o sentimento de amor por essa mulher importante da história evangélica, ressaltando a sua iniciativa amorosa, confiantes de que a sua intenção era nobre, tanto que, se não fosse puro o pleito, o próprio Cristo a teria admoestado, como assim o fez, muitas vezes e publicamente, no combate à hipocrisia reinante daquela sociedade.

Procurando a sintonia com o mais alto, irmã Clara prosseguiu em tom de finalização:

– Com este sentimento de compreensão, convido a todos à nossa prece de agradecimento ao Senhor Jesus, pelas dádivas aqui hauridas: querido e amado Jesus, como a mãe dos teus discípulos indicados nas páginas de luz do teu Evangelho, viemos Te adorar, Senhor, não somente para pedir, porém muito mais para agradecer as bênçãos de iluminação aqui obtidas. Agradecer pelo entendimento fraternalmente compartilhado por estas almas que aqui se reúnem e buscam, em teu nome, melhorarem-se por meio do trabalho que executam no mundo, à frente de tantos corações que nelas confiam. Agradecer pela oportunidade do intercâmbio ecumênico, cuja fraternidade passamos mais ostensivamente a engendrar, sob o teu comando, na qual pudemos confraternizar com os irmãos que nesta esfera também trabalham contigo. Agradecer, por fim, Senhor, pelo imenso amor que Tu nos concedes, mesmo a despeito de nossa imensa fraqueza de espírito e constante recalcitração nas ações do bem. Porque ainda somos crianças que estagiam na escola do amor, precisamos Te pedir, Senhor, que continues nos abençoando, fortalecendo-nos o ânimo, a coragem e a fé diante dos desafios do mundo, diante da guerra interior que travamos, na transformação do homem velho para o homem novo que virá. Ajuda-nos, Mestre, quando cairmos nas provas, quando nos desviarmos do caminho, resgatando-nos de volta e estendendo teus braços para que levantemos e prossigamos Contigo. Ampara-nos no sentido de que reconheçamos que o amor é mais importante que todas as convenções religiosas, todos os templos de pedra e todas as ações humanas de organização material. Faz-nos lembrar sempre, Senhor, que somente com este sentimento sublime poderemos, de fato, estar ao teu lado no reino da vida eterna!

O silêncio harmonioso permaneceu ainda por alguns minutos, quando todos nós procurávamos absorver as emoções de nossa instrutora amorosa, deixando que as lágrimas invadissem os nossos olhos, pelo reconhecimento da grandeza da obra do Cristo Jesus em nossas vidas. Aos poucos, levantamo-nos e abraçamo-nos, fortalecendo os ânimos mutuamente e incentivando-nos na tarefa a executar, nas duas esferas da vida. Percebíamos que o efeito do estudo fora extremamente benéfico a todos, principalmente àqueles irmãos que se encontravam em estado reticente no início da reunião, estando agora despertos e confiantes, profundamente emocionados com a experiência do intercâmbio da noite. Com certeza voltariam às suas lides mais fortalecidos e decididos a iniciar, mesmo que lentamente, as novas reformas evangélicas, para que o reino de Deus possa existir na Terra, como nos anunciou o próprio Cristo.

Após a dispersão, dirigimo-nos aos locais de trabalho para aguardar, em estudo, os nobres irmãos caravaneiros, onde iríamos prosseguir com a preparação da incursão que empreenderíamos à crosta, para estágio de aprendizado e fraternidade universais.

Passamos muitos dias ainda em atividades de preparação, nas quais estudávamos temas relativos à região amazônica, desde a sua formação com as elevações da cadeia rochosa dos Andes, para a formação da vasta planície verdejante, outrora grande deserto. Percebíamos a Providência Divina operando ao longo dos tempos, até alcançarmos a chegada dos primeiros ancestrais que iniciariam a povoação humana das florestas. Estudamos profundamente a organização primitiva e a assistência espiritual aos povos nativos, fortalecendo a noção do Criador como pai de toda a natureza. Passamos pela chegada dos primeiros colonizadores, verificando a ganância com a qual se apresentavam, sem qualquer princípio de fraternidade, utilizando-se da força para a conquista dos territórios, com a dizimação de milhões de seres indefesos e simples.

Acompanhamos o trabalho de catequização, que em sua maioria era exercido por missionários que possuíam intenções nobres, mas apoiados em bases de exclusivismo e intolerância religiosa, que anulavam, assim, em grande parte, a ação meritória. Individualmente víamos, aqui e ali, vozes isoladas de alguns jesuítas que gritavam por clemência aos povos da floresta, mas a força de seus gritos não era suficiente para abafar o vozerio enorme que a ambição do homem colonizador imprimia, influenciando também a cúpula da igreja dominante, que apenas endossava os atos de selvageria a título de promover o progresso e a civilização. Não nos passaram despercebidas, as doenças novas que invadiram os corpos ainda indefesos dos nativos, quando nações inteiras eram mortas pelo simples vírus da gripe.

O capítulo dos descimentos[22] nos fez parar mais profundamente em reflexões, porquanto verificamos o laço de compromissos, deles decorrentes, e que envolve muitos companheiros hoje encarnados que militam nas causas amazônicas, em processo de resgate, por meio dos diferentes círculos sociais, da ciência, da política, da educação ou da religião. Assistimos à escravização para a catequização por meio da força, a resistência nobre dos índios, a bravura de seus guerreiros, que ofereciam as suas vidas em nome de seu povo, fazendo surgir as histórias épicas, mas de fundo real, como a do cacique Ajuricaba[23]. Vimos a transformação social dos aglomerados urbanos, a plêiade de espíritos de ramagens europeias, uns reencarnando para resgate de débitos contraídos quando vieram como os primeiros colonizadores, outros em missão nobre de difundir as bênçãos da cultura iluminista nestas terras, ofertando a bandeira da liberdade, da igualdade e da fraternidade à Amazônia[24].

---

[22] **Nota da Editora**: denominou-se "descimentos", as expedições que visavam a convencer os índios (com ajuda dos missionários) a "descerem" para as aldeias de repartição onde seriam distribuídos entre os colonos, missionários e serviços da coroa. Sob a desculpa de pretender civilizá-los, confinavam-nos em aldeias e utilizavam seu trabalho até a exaustão. A lei mandava pagar uma espécie de "salário" (alimentos, roupas, objetos), o que quase não ocorria. Para recrutar mão de obra indígena, Portugal ainda recorreu a outros dois tipos de expedições denominadas de "resgates" e "guerras justas".

[23] **Nota da Editora**: Ajuricaba, chefe do povo Manáos, comandou no ano de 1723 um movimento de resistência indígena à violenta colonização branca. Para fazer frente à subjugação, exploração e catequização perpetradas por Portugal, liderou várias tribos que também se opunham aos lusitanos, numa extensa faixa de terra da região do Rio Negro. Mesmo travando uma batalha desigual e que custou milhares de vidas para ambos os lados, conseguiu vitórias e feitos heroicos durante aproximadamente quatro anos, ao final dos quais caiu prisioneiro. Ao ser transportado de barco para Belém, mesmo posto a ferros, sublevou pela última vez, até ser vencido e cair nas águas negras que banham a região que amou e defendeu com a própria vida.

[24] **Nota da Editora**: Obras Póstumas, primeira parte, capítulo "Liberdade, igualdade, fraternidade".

Eclodiam núcleos de intelectualidade nas duas maiores cidades da região, apoiadas pelas riquezas oriundas do aparecimento da borracha, após a solidificação do período de transformação social, causado pela Revolução Industrial iniciada na Europa. Templos de cultura se ergueram, magistrados e governantes iluminados emprestaram as suas valorosas contribuições, no sentido de se criarem as condições para a região receber inúmeros irmãos de outras nações, que professavam diversas religiões, mas que contribuíram para a formação cultural rica e diversa do povo local. Os núcleos urbanos se tornaram pujantes e de nobre frequência, mesmo a despeito da ganância dos homens e de seus espantosos desperdícios, que, mais adiante, iriam ser motivo de grande tristeza e sofrimento, pela consequente pobreza que trariam à região. Observamos que, nessa mesma época, a instituição de organizações religiosas as mais diversas traria diferentes exemplos de amor pelo Cristo. Capuchinhos, salesianos, batistas, judeus, dentre outros, chegariam para contribuir com a base religiosa da região[25], principalmente para a preparação da vinda do Consolador aos corações aqui viventes.

Acompanhamos, também, a chegada de irmãos europeus, que traziam em suas bagagens os primeiros exemplares das obras de Allan Kardec, para espalhar suas luzes

---

[25] **Nota da Editora**: a institucionalização dessas organizações religiosas na Amazônia, seja em Belém ou em Manaus, registrou-se no bojo dos grandes eventos que marcaram a região na segunda metade do século XIX e nos primeiros decênios do século XX, ainda que, em alguns casos, haja registro da atuação de representantes e mesmo de atividade dessas correntes religiosas desde antes de suas institucionalizações formais.

redentoras. Essas logo conquistariam mentes esclarecidas locais, que não tiveram dúvidas quanto ao que fazer para difundi-las o quanto podiam. Os primeiros núcleos espiritistas[26] surgiram com as dificuldades inerentes aos vanguardistas, mas amplamente apoiados pela espiritualidade superior, que ajudava a encravar as estacas firmes da verdade imorredoura do Cristo nesta Amazônia querida.

Com a compreensão dos fatos desde épocas remotas até os dias de hoje, puderam os nobres caravaneiros inteirar-se do contexto com o qual estavam se relacionando, para entenderem que nossos compromissos com a região não são simplesmente ligados à causa ecológica em si, mas são fruto de um encadeamento histórico-espiritual que nos torna protagonistas da destruição do passado e também agentes responsáveis pela transformação que deve ocorrer nos corações humanos, para a sobrevivência do próprio homem na Terra. Dessa forma, os caravaneiros finalizaram seus estudos de preparação, encaminhando-se, grupo a

---

[26] **Nota da Editora**: no final do século XIX, há registros de duas instituições espíritas em Manaus: o Centro de Propaganda Espírita (1884 ou 1886) e o Grupo Espírita "Filhos da Fé" (1889). No início do século XX, em 1901, há registros nas atas da federativa de mais doze Casas Espíritas: Amor e Fé; Paz Perseverança e Fé; Consolo dos Aflitos; Fé, Amor, Perdão e Caridade; Resignação dos Discípulos de Jesus; São Vicente de Paula; Amor Perdão e Caridade; Fraternidade e Moral; Caridade e Resignação; Perdão Amor e Caridade; Luz e Caridade; Caridade e Indulgência; Grupo Experimental. Nos jornais espíritas "O Guia" e o "Mensageiro", até o ano de 1905, outras nove instituições são citadas: Caridade à Sombra; Centro Espírita de Codajás (interior do estado); Grupo Jesus Cristo; Grupo Fé; Grupo Familiar (da rua Emílio Moreira); Amor e Caridade; Grupo Familiar (da rua Lima Bacuri); Grupo São Vicente de Paula; Grupo Espírita Amor e Caridade (cidade de Parintins). A Federação Espírita Amazonense foi fundada em 1º de janeiro de 1904, sendo a segunda federativa brasileira a filiar-se à Federação Espírita Brasileira. Neste início de século, três periódicos espíritas circulavam regularmente: Mensageiro, O Guia e O Semeador.

grupo, rumo à crosta terrestre da vasta planície amazônica, para o intercâmbio sublime com nossos irmãos encarnados, companheiros das lides cristãs.

Posto de Amor

Capítulo III

Os grupos de caravaneiros partiram após as festividades momescas na Terra, período em que as emanações oriundas da psicosfera em nossa região de trabalho são mais pesadas, resultado do lamentável comportamento dos homens nessa festa de origens pagãs. Uma a uma, turmas com dez espíritos se dirigiram às regiões de estudo, sendo compostas por três caravaneiros, três orientadores e quatro auxiliares. Para diferentes localidades da região amazônica, foram destacados mais de cinquenta grupos distintos, em direção aos diversos núcleos de trabalho edificante, em variadas correntes religiosas. O nosso grupo estava composto por mim, irmão Raphael, Marisa, Mário Jorge, Samuel; os três caravaneiros, Carl, Marcelo e Sarita; além dos companheiros Theodoro Gonçalves e Bernardo d'Almeida[27], que eram ilustres vanguardistas da causa espírita, que iríamos estudar.

---

[27] **Nota da Editora**: Bernardo Rodrigues de Almeida foi imigrante português de origem humilde, nascido em 1840. Estabeleceu-se inicialmente no Rio de Janeiro, onde trabalhou em uma oficina mecânica como ferreiro e depois como mestre malhador. Ingressou na Marinha

A viagem, que sempre exige cuidados de nossa parte, em face das diferentes densidades das vibrações, iria ser executada em duas etapas, pois estava prevista uma parada no abençoado Posto do Amor, uma estação intermediária de apoio imediato aos irmãos encarnados e de primeira atenção aos que, desencarnados, estão em condições de ser recebidos e tratados para renovação e fortalecimento espiritual. Após determinado transcurso sem maiores observações, avistamos grande facho de luz irradiado por dentre espessa escuridão, indicando estarmos próximos da estação intermediária. O ambiente exterior era-nos agradável, não obstante a escuridão que notávamos, contrastando com a luz de nosso posto, que iluminava no horizonte.

Sarita, que estava atenta aos detalhes, perguntou-me:

– Joel, nas incursões que estou habituada a realizar em nossa região, comumente as trevas das emanações do pensamento da maioria dos irmãos vinculados à cros-

---

do Brasil, trabalhando no conserto de navios de guerras, e em suas horas vagas desenvolvia a profissão de ourives e relojoeiro. Viajou para Manaus com o intuito de tentar uma nova vida, inaugurando uma ourivesaria. Também exercia a homeopatia e participou da fundação da Sociedade Portuguesa Beneficente do Amazonas em 1873, onde atuou como procurador, tesoureiro, mordomo e sócio-benemérito. Fundou a primeira instituição espírita de que se tem registro no Amazonas: o Centro de Propaganda Espírita, em 1884 ou 1886. Mantinha contato com instituições de outras localidades, foi assinante de 1000 exemplares mensais da Revista Verdade e Luz, publicada pelo médium espírita Batuíra, chegando a ser o agente da revista Reformador, da Federação Espírita Brasileira. Além de difundir os princípios espíritas no Amazonas, aglutinou em torno de si aqueles que se identificavam com a doutrina espiritista, propiciando o estabelecimento da Federação Espírita Amazonense, mas não chegando a integrá-la, pois desencarnou três anos antes na cidade de Manaus, em 21/2/1901.

ta causam um choque vibracional que nos exige maiores reposições energéticas posteriormente. Entretanto, noto que nos aproximamos da crosta amazônica enfrentando as mesmas trevas, mas não consigo perceber o choque habitualmente experimentado nos mergulhos na esfera física. Por quê?

Entendendo que todos os aspectos eram oportunidades de esclarecimento, respondi à irmã, de modo que todos também pudessem captar os pensamentos:

– Tua observação é pertinente, querida amiga. Esse fenômeno que experimentas é a primeira bênção que vivenciamos quando nos aproximamos da Floresta Amazônica. A agradável sensação de reposição energética que sentimos decorre da transfusão contínua de fluidos benéficos que a vegetação densa da região nos oferece. Poucas são, atualmente, as regiões do planeta nas quais podemos usufruir desse fenômeno da natureza, que age nos dois planos da vida. Como podemos notar, já na primeira lição, a floresta viva e preservada é tão importante para o mundo físico quanto para o auxílio ao mundo espiritual com trabalhos vinculados ao planeta.

– Não esperava – disse Carl – que ainda tão distantes da crosta pudéssemos haurir tamanha bênção proveniente dela!

– Deus sempre nos abençoa – respondeu Samuel, com carinho – inclusive por meio de sua criação. Nesse sentido, a floresta é ser vivo e pulsante, que reclama cuidados e proteção, oferecendo o fruto de seu trabalho e doando o seu amor aos homens em forma de energia. A absorção do carbono e a renovação estabilizada do sagrado oxigênio são algumas expressões de seu amor que o homem conhece, como veremos depois.

Demonstrando profunda admiração pela lição obtida e já inclinados a também iniciar a própria ligação de amor com a região, os três caravaneiros continuaram a viagem em respeitoso silêncio, até a nossa chegada às cercanias do Posto de Amor.

Ao nos aproximarmos das muralhas que protegem o perímetro do posto, percebemos uma quantidade considerável de espíritos em condições lamentáveis, estacionados em torno das espessas paredes, parecendo que ansiavam penetrá-las, sem, no entanto, obter êxito. Sem perceberem a nossa presença, aproximamo-nos de um grupo deles, ocasião em que o irmão Samuel esclareceu, percebendo as inquietudes que a cena causava aos amigos caravaneiros:

– Em um primeiro momento, irmãos, somos levados a questionar se não seria falta de caridade deixarmos que estes irmãos, maltrapilhos espirituais, permaneçam do lado de fora deste posto de luz. Todavia, plantaram o mal enquanto encarnados e ainda colhem os frutos de suas destemperanças. Ainda não possuem as condições mínimas ao atendimento espiritual, apesar de perceberem que o fato de estarem próximos a este posto lhes traz gotas de paz e de proteção, tendo em vista o que já sofreram em zonas umbralinas, sendo este lugar, verdadeiro "céu" diante de décadas de sofrimento.

Aproximando-se de um irmão que estava deitado, como se estivesse em meio a um pesadelo, irmã Sarita, exercitando seu maternal sentimento de serva de Maria, perguntou com lágrimas nos olhos:

– Mas o que terão feito tantos irmãos para se agruparem em afinidade dolorosa, sem perceberem que estão a um passo de um hospital bendito?

– A maioria deles – respondi, aproximando-me de nossa irmã freira – são criminosos ligados à destruição da floresta pela ganância. Não hesitaram em matar quantos se colocavam em posição de resistência às suas pretensões, e eliminaram famílias inteiras de descendentes indígenas, caboclos ribeirinhos ou mesmo colonos simples e humildes, que se utilizavam do extrativismo de coleta para a sobrevivência. Além da perseguição que enfrentaram ainda encarnados, em processos obsessivos interpretados quase sempre como loucura ou demência, experimentaram longo tempo presos às mãos daqueles que, nesta esfera da vida, não conseguiram perdoá-los. Ademais, enquanto para a maioria de nós os fluidos emanados pela floresta trazem refrigerantes benefícios, para estes irmãos são como o perpetuar das lembranças de seus crimes, cujas contas suas consciências lhes cobram de forma implacável.

– Oh! Que Deus tenha misericórdia desses pobres irmãos! – suplicou Sarita, com sentido pranto nos olhos – Até quando precisarão sofrer deste modo?

– Estes – ajuntei, consolando a companheira – já estão em processo de reequilíbrio, pelo simples contato com as vibrações daqui emanadas e pela ajuda regular que recebem dos trabalhadores deste lugar. Brevemente poderão ser resgatados pelas frentes caridosas e missionárias de nosso Irmão Clarêncio.

– Irmão Clarêncio?! – replicou Sarita – Quem é?

– Verás – finalizou Samuel, convidando-nos a entrar.

A um gesto do companheiro de jornada, as portas do Posto do Amor se abriram, descortinando um mundo de luz e bênçãos no meio das trevas. Uma réplica em tamanho menor da Colônia do Amor se apresentou aos nossos olhos, com os mesmos jardins extensos e árvores frondosas que nos eram motivos de grande bem-estar. Agradavelmente surpresos, nossos irmãos das plagas do Velho Mundo expressaram a alegria por tamanha bênção de Deus.

– Não imaginava um posto de socorro tão avançado nesta região – confessou o jovem padre Marcelo. – Tamanha estrutura intermediária servirá tão somente para o atendimento da população espiritual da região? Em nossos núcleos, não obstante uma densidade populacional bem maior, temos estruturas mais modestas.

Raphael, auxiliando no esclarecimento, respondeu solicitamente:

– Este posto é uma das sete estruturas intermediárias existentes na Amazônia que são interligadas às responsabilidades da Colônia do Amor. Sobre cada grande núcleo urbano, uma estrutura como esta efetua imensa tarefa espiritual, não somente de acolhimento e preparação para o retorno, mas também de apoio às iniciativas de proteção à região e ao seu tesouro ecológico. Daqui partem trabalhadores vinculados à causa da preservação, com a importante missão de fomentar a imprescindibilidade da região para a sobrevivência do mundo.

O irmão instrutor fez uma breve pausa, dirigindo o olhar aos portões, falando em seguida:

– Razão pela qual é natural que se aproximem deste posto os espíritos falidos e criminosos em relação à destruição da floresta. Aqui é o local do imediato socorro espiritual a casos como os da maioria dos que se ajuntam lá fora.

Entendendo que a nobre tarefa de cuidar da região parecia obter especial atenção dos desígnios do Cristo, os irmãos caravaneiros seguiram a condução do irmão Samuel, em silêncio, mas expressando franca alegria por estarem vivenciando esse intercâmbio sublime. Chegando à grande estrutura, que parecia um hospital do posto, fomos efusivamente recebidos por um grupo de espíritos sorridentes, chefiados por Irmão Clarêncio, que abria os braços em demonstração de carinho.

– Sejam muito bem-vindos, irmãos! Nossa humilde casa é também vossa! – disse Clarêncio, com alegria.

Após as apresentações naturais, Irmão Clarêncio nos pediu que o acompanhássemos, dando a entender que o programa de aprendizado já estava traçado, em rota estabelecida pelos mentores de nossa colônia.

– A cada dia um novo grupo de irmãos chega, envolvidos que estão nesta nova fase de trabalho, que a bênção de Deus fez com que iniciássemos. Passam somente um dia aqui, em rápida visita de apresentação das particularidades incomuns aos que estão conhecendo a região pela primeira vez. Isso porque, embora os trabalhos assistenciais com o Cristo obedeçam a uma sistemática similar no campo espiritual em qualquer parte do planeta, cada região possui uma missão distinta na obra de Deus. A nossa missão está intimamente ligada às características do nosso povo amazônico e à causa da sustentabilidade.

Carl, deixando o seu mutismo, interessou-se pelo assunto, perguntando:

– Irmão Clarêncio, temos visto no mundo a preocupação do homem com o meio ambiente, mas poucas são as ações efetivas, o que tem feito desanimar boa parcela de defensores da causa, que alertam urgir a necessidade de mudanças dos modelos econômicos, incluindo a questão ambiental como foco central e não como assunto adjacente. Estaríamos perdendo também essa batalha? Já que daqui saem importantes ações nesse sentido, o que pensam nossos mentores sobre a realidade atual?

Clarêncio demonstrou grande satisfação com a colaboração que a pergunta do irmão Carl proporcionava ao aprendizado, respondendo com doçura:

– Amigo, o fato de vocês estarem aqui demonstra que nossos dirigentes estão agindo com diligência, sob a tutela de Nosso Senhor Jesus Cristo. Tudo faremos para evitar o comprometimento ambiental do planeta, em relação à espécie humana. Cada minuto aqui utilizado é sempre revestido das intenções e das ações que envolvem a conscientização dos irmãos encarnados e dos que irão encarnar, no sentido de se dignarem a militar pela causa. Não medimos esforços, obedecendo às ordens do mais alto. Todavia, temos consciência de que o livre-arbítrio do homem é sagrada concessão de Deus. Agimos no sentido de auxiliar os homens a evitar uma tragédia de grandes proporções e temos o sentimento de que, em alguns casos, a incúria humana ainda está longe de compreender a lei de amor que o Cristo nos ensinou. Temos a certeza das consequências dessa incúria, pelos sofrimentos que as transformações naturais irão causar, como reação da natureza à ação danosa que vimos durante os dois últimos séculos. Mas seguimos trabalhando, com o Cristo, envoltos na alegria e no otimismo que a sua presença em nossas vidas proporciona!

Clarêncio falava com propriedade e sentimento. Seus cabelos alvos pareciam brilhar, refletindo a luz de sua elevada posição espiritual pelo trabalho no bem. Finalizando a resposta, disse, virando-se até nós:

– Muitas vezes nos deixamos surpreender pela falta de esperança, mormente quando estamos estagiando nos círculos da carne. Esquecemos, porém, que o ciclo de Armagedon criado pelo homem é sempre senoidal. Volta e meia a espiritualidade maior precisa ajudar a Humanidade terrestre a retomar o caminho mais razoável. Quem não lembra, há pouco tempo, do clima de destruição iminente do planeta, com a proliferação de armas nucleares e o crescimento das tensões políticas na chamada Guerra Fria? Foi igualmente necessária a ajuda divina para que o homem compreendesse que Deus opera com amor e que a vida na matéria é escola sagrada, a ser mantida até quando a missão da Terra for cumprida, como habitação de espíritos em caminhada inicial de evolução.

Grandemente tranquilizado pela resposta do bondoso instrutor, Carl fez um gesto de concordância com a cabeça, mantendo-se em silêncio. Clarêncio parou em frente à grande porta de acesso, anunciando:

– Agora peço vossa atenção para esta sala em especial, suplicando que mantenhamos a vibração nobre e que as indagações sejam dirigidas a mim, evitando-se a propagação de diálogos paralelos.

Ao abrir a grande porta, uma cena impressionante se formou em nosso campo de visão: vasto salão de enfermaria, com grande quantidade de leitos ocupados por espíritos em tratamento, acompanhados por equipe considerável de trabalhadores abnegados, que se desvelavam em carinho e atenção. Irmã Sarita, acostumada ao atendimento de primeiros socorros em sua região e em hospitais semelhantes, foi a primeira a indagar:

– Irmão, a grande enfermaria que nos apresenta, não obstante impressionar pelo tamanho, nos é familiar nos serviços regulares de nossos postos de socorro. O que tem ela de especial para o nosso aprendizado?

Clarêncio não precisou responder no primeiro momento, solicitando com um gesto que nos aproximássemos de um leito, onde estavam uma senhora e um enfermeiro, observando um irmão deitado na pequena cama. O paciente estava dormindo, mas parecia envolto em grandes pesadelos, revelando, pela fala inconsciente, o teor de suas angústias.

– Oh! Como sofro! Afastem de mim esses criminosos que se aproveitam da miséria humana para invadir terras de respeitáveis proprietários! Comandante, avante com a repressão, não deixe esses invasores atingirem os objetivos a que se propõem!

A simpática senhora que estava ao lado do angustiado paciente colocou a destra sobre sua fronte em um gesto de carinho, falando em consolo ao suplicante:

– Eleutério, meu filho, esquece o que se passou! Alegra-te por estar aqui, repousando. Teus perseguidores já te perdoaram, após anos de subjugação expiatória. Pensa em Deus, meu filho, que te ampara com amor e dedicação!

Profundamente tocados, dirigimo-nos ao Irmão Clarêncio, solicitando as explicações sobre o drama daquele espírito.

– Eleutério[28] foi um importante político que viveu durante o período recente, dito desenvolvimentista, quando do governo militar no Brasil. Aproveitou-se da parceria escusa com o poder unilateral do regime para se apropriar de extensas terras na Amazônia e construir um verdadeiro império. Todavia, muitas dessas terras estavam habitadas por pessoas que não se acomodaram e resistiram bravamente, mas foram aniquiladas pelo uso indevido de força militar. Quando retornou após ser surpreendido pela morte, nosso irmão sofreu grande cobrança de grupos de espíritos vingativos, por muitos anos, até poder ser resgatado, em um trabalho incansável de nossa irmã Sebastiana, que foi sua genitora na última existência.

– Parece-me um caso comum dos círculos espirituais – disse Mário Jorge, com raro semblante circunspecto – qual a lição que devemos apreender, além da comprovação prática da lei de causa e efeito?

– Os conflitos em terras amazônicas – disse Clarêncio – são problemas ainda presentes e de ampla magnitude espiritual, indo além das questões sociológicas ou de inclusão social que hoje movem as ações de alguns homens interessados pela causa. Ela envolve o sentimento de caridade,

---

[28] **Nota do Autor Espiritual**: os nomes das personagens associadas à história recente da Amazônia foram modificados.

ainda longe de ser exercitado pelos poderosos que, como Eleutério, enriqueceram às custas da grilagem de terras que pertenciam a todos. O exemplo às nossas vistas é singular, porque um dos motivos desencadeadores da destruição da floresta é a questão da distribuição agrária. Sem justiça baseada na igualdade e na fraternidade nessa área, muito dificilmente irá o homem poder controlar as massas, cada vez mais esclarecidas. A caridade, nesse aspecto, será a solução a ser desenvolvida.

Entendendo, todos nós, a pertinência daquelas observações, procuramos orar pelo irmão atendido, suplicando a Deus a sua imensa misericórdia. Marisa aproximou-se com respeito, perguntando ao Irmão Clarêncio:

– Irmão, muitas famílias abastadas que hoje estão estabelecidas em terras amazônicas são oriundas de antigos colonos que, por sua vez, foram estimulados pela política de ocupação da Amazônia no regime militar, migrando do sul para o norte do Brasil. Terão eles a mesma grande cota de responsabilidades, já que foram induzidos ao "Eldorado" das oportunidades?

Clarêncio também preferiu responder levando-nos a leito mais adiante, onde um senhor de cabelos brancos repousava, experimentando os mesmos transes sonambúlicos de Eleutério, debatendo-se com sua própria consciência.

– Morram, traidores de nosso país! Fora daqui, comunistas desprezíveis! Se não concordam com a revolução, deixem-nos em paz! O Brasil é nosso!

O velho senhor parecia ainda viver todos os rigores da disciplina militar. Em seu semblante, percebíamos as angústias de suas palavras, que eram entrecortadas por soluços de lucidez suplicante.

– Deus meu! Por que tanto sofrimento, se apenas cumpri com a minha obrigação de estadista, eliminando os inimigos de nosso país e ocupando nossas terras para que a invasão comunista não se estabelecesse no Brasil!? Por que, Senhor, por quê?

O choro sentido do pobre senhor nos comovia. Clarêncio, percebendo a necessidade de esclarecimentos, tratou de elucidar:

– Manuel foi grande general brasileiro, com uma carreira construída com dignidade, até quando assumiu o poder de comando de vasto território, inclusive da Amazônia. Perdeu-se nos excessos com a repressão, não medindo esforços para perseguir e eliminar os opositores. Foi um dos generais mentores da ideia de ocupação agrária das terras amazônicas, que causou quase toda a destruição que hoje vemos na floresta. Atualmente luta consigo mesmo, tentando livrar-se das teias mentais que ele mesmo criou, por prender-se às lembranças de seus erros e às justificativas que utiliza como atenuantes de suas responsabilidades.

– Mas não terá ele o álibi da luta por seu país, como se estivesse em uma guerra?! – perguntou o padre Marcelo, profundamente admirado.

Clarêncio compreendeu a pergunta e se aproximou de Manuel, tocando-lhe os cabelos brancos, em sinal de carinho e de respeito pelo drama do paciente:

– O que ocorreu com o nosso país no período do regime militar nunca pode ser classificado como estado de guerra. Grupos de poderosos se aproveitaram dos ambientes de tensão externos para dominar pela força, rasgando os direitos civis e impondo suas políticas de desenvolvimento nem sempre responsáveis, deixando como herança um grande trauma na política brasileira, que até hoje sente os resquícios daquela época. Poderíamos utilizar o álibi a que o irmão se refere, caso aqui se encontrasse um pobre soldado ignorante – como os colonos simples que migraram de boa fé e com esperanças de uma vida melhor – mas não é o caso. Manuel detinha todas as possibilidades de entendimento e sabia que o levante militar tinha objetivos nem sempre considerados nobres. Todavia, tomou para si o momento como oportunidade de ascensão social, que lhe trouxe conforto material efêmero na crosta, mas profunda miséria moral que o acompanha há muitos anos.

O bondoso instrutor fez uma pausa, completando a sua resposta após virar-se para nós:

– Em nossa região, nem sempre as ações trouxeram reais benefícios para o povo que aqui se estabeleceu, quando a política desenvolvimentista se operou. Muitas foram as ações equivocadas, que somente trouxeram riqueza para poucos e grande sofrimento para muitos.

Sarita também se aproximou do leito e tocou as mãos de Manuel, que agora jazia calado. A nobre freira, com lágrimas nos olhos, falou com emoção:

– Tamanha carga espiritual deve ser difícil de tratar, tendo em vista que as consequências dos atos cometidos são sentidas até os dias de hoje!

– Sim, minha irmã, são bem difíceis! Todavia, o que mais dificulta o tratamento ainda é o caminho sem fé que o nosso irmão trilhou, para se apegar absolutamente a pensamentos materialistas, eliminando a ideia de Deus de sua última existência. Se aqui estivesse como criminoso moral, mas com sentimento sincero de submissão a Deus, poderia nos ensejar melhores oportunidades de tratamento.

– Mas o vimos clamar por Deus ainda há pouco! – replicou Sarita, ainda emocionada.

– Sim, mas esses soluços por piedade lhes são a lembrança da infância, quando a sua mãe lhe ensinou a obediência ao Senhor, cujas lições foram esquecidas durante toda a sua vida. Por certo as melhoras são lentas, mas estamos providenciando o recurso do choque anímico para que ele compreenda melhor o estado em que se encontra.

– Choque anímico? – perguntou Carl, tentando compreender as palavras de Clarêncio.

O irmão instrutor sorriu e respondeu com bondade:

– Trata-se de tratamento com a colaboração dos irmãos encarnados. Mas essa lição prática os irmãos caravaneiros terão quando estiverem estagiando na crosta, em visita de aprendizado. Por ora, convido-os a caminharem comigo até outro prédio, para verificarmos as providências pensadas em auxílio à manutenção de nossa região.

Seguimos o instrutor, em silêncio, deixando o hospital e chegando a uma estrutura que nos era muito familiar, cuja forma lembrava o centro de estudos e pesquisas da Colônia do Amor. Tratava-se de grande prédio que formava um quadrilátero, com extenso jardim ao centro, onde grande quantidade de espíritos conversava, trocando ideias e informações acerca de suas atividades. Um vasto conjunto de árvores amazônicas, frondosas e baixas, emprestava um ar de *Belle Époque*[29] ao ambiente, que contrastava com a modernidade das estruturas físicas. Porque nos encontrássemos grandemente maravilhados com tamanha estrutura, Clarêncio tratou de nos esclarecer:

– Desde que a Providência Divina determinou que dessa região sairia uma das bases do Cristo na Terra, vimos trabalhando, de forma ostensiva, em maneiras de auxiliarmos nossos trabalhadores encarnados, cuja missão é lutar pela preservação dos recursos naturais da região. Aqui trabalham pesquisadores, educadores, sociólogos, engenheiros e muitos outros de diversas especialidades ligadas à ciência,

---

[29] **Nota da Editora**: sobre o significado desse termo há uma nota específica, mais adiante, em capítulo sob o mesmo nome, isto é, "*Belle Époque*".

e que objetivam encontrar meios de conciliar a ocupação humana com a harmonia da natureza, de modo que proporcione mútuo equilíbrio.

Envoltos em grandes expectativas, adentramos o salão de estudos daquele centro de pesquisas, acompanhando Irmão Clarêncio, que se encaminhava resoluto, obedecendo a roteiro preestabelecido. Parando diante de uma grande porta branca, o instrutor anunciou o objetivo da visita àquela escola de bênçãos.

– Agora iremos verificar as ações de nossa equipe de pesquisadores, cujo trabalho se encontra em fase de implantação de um importante projeto que objetiva a proteção à floresta, pelo qual todos estamos vibrando com grandes esperanças.

Convidando-nos a entrar, o nobre instrutor nos fez presenciar interessante estrutura tecnológica, similar aos mais modernos laboratórios do plano físico, no campo da informática e da comunicação, não obstante, em nossa esfera, os equipamentos serem mais fluídicos. Em vez da intricada quantidade de fios e cabos ainda necessários às estruturas de grande parte dos equipamentos na crosta, em nosso plano as imagens prescindem dessas conexões, estando todos os mecanismos coordenados por estruturas de projeção com interação pelo toque ou pensamento. Assim, surgiam diante de nós imensas telas holográficas contendo o mapeamento da grande Floresta Amazônica, com milhões de pontos brancos, vermelhos e verdes sobre cada quadrante do "mar tropical" à nossa frente. Mais de uma centena de trabalhadores espirituais se movimentavam em torno das imagens, em confabulações intensas, divididos em diversos grupos de monitoramento. Maravilhados pela surpresa, foi-nos fácil emitir muitos questionamentos ao Irmão Clarêncio, que de pronto nos esclareceu:

– Este centro de tecnologia é o coração do monitoramento da preservação da floresta, criado e mantido há algumas décadas por trabalhadores abnegados de nossa esfera. Daqui surgem os dados que orientam nossas ações práticas na crosta, no campo relativo ao combate à destruição dos recursos naturais, em especial de vigilância quanto ao desmatamento. Em cada grande tela, vemos um pedaço de nossas matas, cuidado por equipe específica de trabalhadores que, ao menor sinal de intervenção predatória do homem, informa as equipes na crosta, as quais já possuem diferentes estratégias para demover as intenções menos nobres dos criminosos, sempre respeitando a bênção do livre-arbítrio.

– E o que são estes incontáveis pontos coloridos sobre cada plano da floresta? – perguntou Marisa, curiosa.

– Cada ponto – adiantou-se Samuel, em auxílio ao bondoso Irmão Clarêncio – é uma árvore em monitoramento e cada cor reflete o grau de exposição ao perigo em que ela se encontra. As brancas refletem as árvores que estão muito afastadas das ações predatórias da ambição humana; as verdes indicam árvores preservadas, mas que, pela aproximação de atividades humanas, correm sério risco de desaparecimento; já as de cor vermelha são as que estão na iminência de serem destruídas ou que já estão em processo de destruição pelo homem.

– E de que forma podemos evitar essa destruição, tendo em vista a tendência notória de avanço dos núcleos humanos, com crescimento diário? – perguntou o jovem padre Marcelo, com o olhar fixo nas telas coloridas.

Sem responder de imediato, Irmão Clarêncio, com um gesto, chamou para que nos aproximássemos de um dos grupos de controle, o qual nos recebeu com alegria e fraternidade. Dimas, o coordenador do grupo, parecendo já acostumado com demonstrações às equipes de aprendizado iguais à nossa, adiantou-se em explicações elucidativas:

– Em cada tela desta incluem-se todas as informações necessárias ao acompanhamento da vida na floresta. Acionando-se cada ponto colorido, obtemos os dados relativos à vida em torno da respectiva árvore em controle...

Conforme explicava, o jovem coordenador agia em demonstração prática do que falava. Ao escolher uma das árvores de cor branca, imediatamente novo holograma apareceu em forma de janela, expondo uma imagem real de grande árvore amazônica, acompanhada de quadro explicativo quanto a classificação, tamanho, área de influência, capacidade de absorção de gás carbônico e de produção de oxigênio, dentre outras, além de informações sobre as colônias de seres vivos, cuja sobrevivência, na crosta, dela dependiam diretamente. Impressionados com a riqueza de detalhes, nossos irmãos caravaneiros não hesitaram em perguntar:

– Como obtiveram tantas informações individualizadas e detalhadas assim? – perguntou Carl, sem esconder a surpresa.

– De que forma, na prática, esse monitoramento impedirá o desmatamento? – indagou Sarita, em seguida.

– Haverá sistema semelhante na Terra um dia? – perguntou padre Marcelo, com sede de conhecimento.

O simpático jovem coordenador, sorrindo, tratou de explicar cada ponto de indagação:

– Irmãos, é natural o assombro quando nos mantemos afastados dos círculos da ciência, seja no campo físico, seja no espiritual. As naturais tendências de vossas atividades nobres na área da assistência vos desobrigam desse conhecimento tecnológico em qualquer grau, pois nós somos atividade meio, para a consecução do fim que vós executais na prática, que é o amor em movimento, a caridade. Respondendo ao querido companheiro irlandês, digo que o trabalho sob vossos olhos é fruto de longo sacrifício de irmãos abnegados, conhecedores da ciência florestal, da Biologia, da Agronomia e das ciências correlatas, os quais se embrenharam por décadas em missão de zoneamento, utilizando-se dos recursos tecnológicos que criamos, sob a inspiração do alto. Quanto à pergunta de nossa veneranda irmã em Cristo, o processo de controle e cadastramento é o primeiro passo para que possamos proteger as matas. Na prática, ações preventivas são executadas por nossas equipes junto aos irmãos encarnados vinculados a este trabalho, tais como a inspiração salutar, a conscientização, o estabelecimento de correntes de solidariedade, dentre outras. O elo final se dará quando a resposta à pergunta do padre Marcelo for completada na prática, pois que abnegados trabalhadores deste centro de pesquisas estão reencarnados, presentemente envolvidos em iniciativas correlatas, um tanto ainda deficientes, mas que pretendem implantar estrutura semelhante, não obstante os escassos recursos disponíveis, em cópia imperfeita do que aqui vemos.

– Mas, pelo que vimos na crosta – ajuntou Carl, preocupado – nossos recursos ainda se encontram muito aquém desta tecnologia e a imensidão física do "mar verde amazônico" me parece fator de dificuldades à execução de um projeto como este no plano dos encarnados, ou não?

– Como eu disse, Carl, várias são as ações de implantação – respondeu Dimas, virando-se às telas holográficas. Seja no campo das descobertas de novas tecnologias de comunicação, seja no estabelecimento de acordos políticos entre nações que detém a hegemonia dos satélites que hoje são capazes de possibilitar o monitoramento, ou, até mesmo, na semeadura do processo de conscientização para a importante causa, o que granjeará os recursos necessários à manutenção do projeto no plano dos encarnados. Todos trabalhamos incansavelmente, confiantes nas bênçãos do Cristo que, por certo, também nos inspira do mais alto. As dificuldades físicas de nossos trabalhadores são, de fato, um desafio a ser superado. Todavia, o trabalho tem de ser iniciado, passo a passo, com uma ação de cada vez, pois que iniciativas desta envergadura não são meras aventuras oriundas dos desvarios de alguém, mas projetos divinos, revestidos da mais ampla proteção e cuidados. Razão pela qual a equipe que hoje trabalha no plano físico ser constituída integralmente de trabalhadores dos nossos círculos de pesquisas.

Deixávamos que os irmãos caravaneiros ficassem à vontade para os questionamentos, aproveitando o escasso tempo que dispunham para o aprendizado salutar. Padre Marcelo, ainda com dúvidas, não deixou de aproveitar a oportunidade de esclarecimento:

– Vejo que tal projeto, quando implantado na crosta, ensejará ao homem a vigilância perfeita da floresta. Todavia, ainda não consegui entender como tal vigilância se dará, para que se evite o desmatamento. Porventura voltaremos à utilização da força como medida de proteção?

O coordenador do grupo voltou-se ao jovem padre, com simpatia extrema, e respondeu:

– Obrigado pela pertinaz pergunta, irmão. De fato, mais difícil que transferir nossos conhecimentos tecnológicos aos encarnados, o que se opera de forma contínua ao longo da história, será dissuadir o espírito depredador humano, afastando a ambição de suas prioridades, por meio do convencimento de que a vida é o bem supremo na Terra. Contudo, não nos acomodamos. O campo do Senhor está preparado para os trabalhadores da última hora que estão cheios de boa vontade para o labor no bem[30]. Por isso, há algumas décadas diversos espíritos integrados à causa reencarnaram com a missão de colaborar, em futuro próximo, com o projeto aqui desenvolvido. São irmãos que estão militando em várias frentes dos círculos humanos, os quais, pelo avançado espírito de empreendedorismo e por estarem à frente do seu tempo em virtude dos conhecimentos aqui adquiridos, obtêm sucesso financeiro no mundo, ajuntando grandes somas em riquezas e recursos diversos. Todos eles serão chamados a colaborar, e a nossa esperança é que se sintam devidamente envolvidos com a causa aqui estabelecida como missão.

– Mas, de que forma eles serão convocados? – perguntou Sarita, interessada – pois temos visto surgirem no mundo distintos homens com significativas riquezas, mas pouco propensos à divisão fraterna de seus recursos, a não ser que ações nesse sentido lhes tragam vantagens para a imagem pessoal.

– A vaidade humana – interveio Clarêncio – é fator de dificuldade para qualquer espírito missionário nos círculos da carne. Milhares de nossos trabalhadores estão hoje cum-

---

[30] **Nota da Editora**: o trecho se refere à parábola evangélica (Mt 20, 1-16) na qual os trabalhadores da vinha, apesar de chegarem nas últimas horas do dia, dedicam-se afanosamente ao trabalho. O capítulo XX de O Evangelho Segundo o Espiritismo expõe a visão espírita a respeito e, no item 2, caracteriza a circunstância expressada no texto, registrando que todos os trabalhadores de boa vontade vêm, um pouco mais cedo, um pouco mais tarde, embora haja séculos e séculos que o Senhor os chama para sua vinha, sendo os tempos presentes a oportunidade de empregar bem a hora que ainda resta, sem esquecer que a existência física, "por longa que vos pareça, mais não é do que um instante fugitivo na imensidade dos tempos que formam para vós a eternidade".

prindo as suas missões, mas temos a consciência de que muitos falharão nas intenções, esquecendo os compromissos aqui assumidos. Trabalhamos com a hipótese realista de que apenas a décima parte das equipes enviadas tenha êxito, o que pensamos ser o suficiente para darmos os primeiros passos de implantação.

Clarêncio voltou-se às telas holográficas, indicando que iria se referir às imagens ali projetadas:

– O convite aos nossos missionários não se dará pela força, tendo em vista que a violência nunca fez parte dos planos do Cristo no mundo. Qualquer mudança que não envolva verdadeiro sentimento de convicção pela consciência do papel de cada um na obra de Deus estará fadada a não lograr êxito. Por isso, trabalhamos com grupos que estão imbuídos em fomentar essa necessidade de engajamento dos mais poderosos do mundo, facultando-lhes a oportunidade de redenção de seus compromissos. São muitas as ações de convencimento, e a própria reação da natureza, cada vez mais proporcional ao grau de agressão que vem sofrendo, será fator de estímulo à participação de nossos missionários.

– Há de se considerar ainda as questões diplomáticas – disse, com intenção de colaborar.

– Sim, Joel – completou Clarêncio – mas já estamos propondo modelos em que sejam criadas instituições nobres e com objetivos específicos, habilitadas a formarem essa rede de solidariedade, sem ferir as questões de soberania dos países amazônicos, o que é um dos principais entraves para a obtenção de ajuda externa. Essas instituições, com apoios governamentais, poderão captar os recursos ao oferecer a possibilidade de qualquer cidadão ou entidade no mundo "adotar" uma árvore, não para transformá-la em sua propriedade, mas para possibilitar a sua preservação. A ideia é a de que cada doador regular possa, em tempo real, obter todas as informações sobre a sua árvore adotiva, vendo-a a qualquer tempo, acessando as informações de sua contribuição para o meio ambiente, com os dados relativos à evapotranspiração[31], absorção de carbono, produção de oxigênio, interdependência biológica e outros dados, ainda a serem copiados daqui. Imaginamos que tanto os indivíduos quanto as grandes empresas – estas guiadas por estratégias próprias ou obrigadas pelas legislações ambientais, e aqueles estimulados pela consciência – adotarão grandes quantidades de árvores monitoradas, o que facultará às instituições mantenedoras ampliar o espaço de preservação. Como a expectativa é a de que tais instituições sejam conduzidas por abnegadas pessoas que amam a região em cada país, embora compartilhando matrizes tecnológicas unificadas, as terras permanecerão pertencentes aos países de origem.

---

[31] **Nota da Editora**: : evapotranspiração é a transferência de água da forma líquida, presente na superfície terrestre, para água em estado de vapor, presente na atmosfera. É formada por dois processos distintos: evaporação, referente à transferência da água de superfícies livres como solo, lagos, oceanos e superfícies vegetais úmidas; e transpiração, referente à transferência de água a partir do interior das folhas e outras porções das plantas.

Encantados pela engenharia social e econômica pensada, os caravaneiros ainda aproveitaram para tecer considerações a respeito do assunto:

– Será, de fato, uma grande rede de solidariedade em favor da vida – disse Carl, com alegria – todavia, preocupa-me a situação da população amazônica. Como conciliar o crescimento populacional às restrições de uso do solo, que também serão crescentes, principalmente quando tal projeto estiver em plena execução?

Samuel adiantou-se para responder, interessado pelo tema, ele que muito se envolveu em torno da vida do homem amazônico e suas particularidades:

– Na verdade, querido irmão, o homem na Terra cada vez mais estará consciente sobre a necessidade do equilíbrio entre o crescimento de sua população e as possibilidades da existência dos recursos para a sua sobrevivência. Com o conhecimento mais difundido, a tendência é que as taxas de crescimento se estabilizem em números controláveis. De qualquer modo, a população amazônica não será isolada em torno das terras preservadas por meio de tais iniciativas, como se essas terras fossem mantidas em fortes cápsulas de vidro. Ao contrário, sem a inserção do homem da Amazônia, na manutenção consciente das áreas de preservação, muito dificilmente obteremos êxito, pois que ele depende da floresta há muitos séculos. Por isso serão fomentadas ações de inclusão social, com o estímulo de atividades não degradantes, geradoras de riquezas para a sustentabilidade, com harmonia à natureza. Ademais, milhares serão as pessoas diretamente contratadas por tais empreendimentos, em missão de monitoramento e cuidados diversos.

Clarêncio, parecendo encaminhar o assunto às falas finais, disse-nos com grande bondade:

– Aos poucos os projetos assim caracterizados ganharão força no mundo, porque suas intenções serão isentas de ambição financeira e de dominação por parte de seus criadores. Apesar de aqui e ali estarmos em missão de apagar focos de incêndio da vaidade e do orgulho, temos a confiança de que nossos trabalhadores cumprirão as suas missões com desapego e sincero interesse pelo bem comum, tendo em vista que, sem esses sentimentos, os projetos não passarão de meras ações isoladas de poucos, como vários que vemos nascer, para morrer logo em seguida. Tudo está aqui preparado, em matrizes prontas à transferência aos encarnados. Os tempos são de implantação na crosta, com os primeiros passos já iniciados.

Envolvidos pela emoção do bondoso instrutor, encerramos a rápida passagem pelo centro de pesquisas, na certeza íntima de que a Providência Divina não cessa jamais de trabalhar pela vida. O amor de Deus por nós foi mais sentido naquelas horas, quando saímos do prédio mais confiantes, certos de que nossa região, não obstante a incúria humana, está constantemente guardada pelas bênçãos do Cristo, que espalha a sua luz a todos nós, habitantes da Amazônia.

Após a saída do centro de pesquisas, Clarêncio nos convidou a segui-lo, quando atravessamos extenso largo, que se emoldurava pelas árvores frondosas da Amazônia. Chegando à frente de um prédio com linhas simples, mas de moderno formato, o instrutor falou:

– Como parte última desta nossa pequena excursão pelo Posto do Amor, conheceremos outro centro de estudos, agora voltado exclusivamente às questões de intercâmbio com os irmãos encarnados, no campo da assistência moral cristã, bem como de difusão de temas complementares à obra do Cristo.

Surgiu à nossa frente mais um vasto salão, onde quantidade significativa de trabalhadores e estudantes se reuniam em grupos definidos, aparentemente divididos por afinidade, tendo em vista que muitos dos grupos conservavam seus hábitos religiosos, evidenciando pertencerem a essa ou àquela corrente do trabalho com o Cristo.

Amplamente interessados, por causa de suas identificações com alguns dos grupos ali presentes, os caravaneiros não tardaram em indagar:

– Por certo aqui se preparam nossos pares da causa cristã – afirmou Sarita, à vontade. – Em muito se parece com os nossos núcleos de preparação, nos momentos em que se ultimam as reencarnações.

– De fato – respondeu Clarêncio – as providências relativas à volta aos círculos da carne obedecem a roteiro sistematizado na Terra. Todavia, uma particularidade é vivenciada em cada grupo que aqui se reúne, cujo resultado será sentido na crosta nas próximas décadas. Aproximemo-nos e observemos...

Atendendo às orientações de Clarêncio, seguimos em direção a um grupo de irmãos que ouviam explicações interessantes acerca de suas missões próximas, que seriam desenvolvidas na esfera do catolicismo:

– Nossa igreja – falava nobre instrutor – é a mãe abençoada de todos os círculos cristãos no mundo. Com ela vivemos as glórias dos testemunhos iniciais de implantação da doutrina de Jesus na Terra, quando enfrentamos os poderosos em uma guerra diferente, baseada no amor e na renúncia. Não obstante a morte sempre rondar os nossos passos, em perseguições atrozes, quase sempre finalizadas com o sacrifício da própria vida, em testemunho nos circos, nas fogueiras, nas cruzes, ou nas câmaras de tortura, vivíamos a pureza da vida em comunidade fraterna, de apoio e consolação de uns para com os outros, de acordo com o exemplo deixado pelos apóstolos diretos do Cristo, que nos legaram experiências ricas de convívio simples, mas edificante. Ao longo do tempo, todavia, com a aproximação do poder temporal, que se entranhara em nossas organizações puras, aos poucos fomos nos deixando influenciar pela vaidade e pelo orgulho, o que nos fez cometer os mesmos atos de barbárie dos quais fomos vítimas no início da jornada, marcando indelével e triste capítulo de nossa romaria religiosa no mundo. Após o nosso crescimento institucional, apoiado pelo poder humano, mas também em propósitos divinos de evolução, hoje enfrentamos o limiar da grande transição, avistando o ponto de inflexão no horizonte, ao qual deveremos nos ajustar, sob pena de esvaziamento de nossas fileiras de trabalho com o Cristo.

Um jovem senhor que acompanhava a explanação, na condição de aluno, interrompeu-o com educação, para perguntar:

– Padre Eugênio, como se dará essa transição, pois que vemos muita gente no mundo necessitando ainda dos ensinos básicos, pela condição quase primária na qual se encontram, em matéria de conhecimentos da fé e da realidade do reino de Deus?

– Para esses – respondeu o instrutor católico – as mudanças não serão sentidas com traumas, pois que receberão os novos artigos de fé com naturalidade e como verdades iniciais. A nós outros, todavia, as mudanças que as evidências da ciência nos obrigarão a empreender serão especialmente doloridas, pois teremos que vencer o forte orgulho que nos domina, principalmente quando voltamos a vestir o corpo carnal, empunhando a bandeira de nossa amada Igreja. Os ditos mais esclarecidos de nosso círculo religioso serão os que mais resistirão, mas em vão, pois a correnteza da lei do progresso[32] é sempre mais forte e arrastará os resistentes da mesma forma como impulsionará os vanguardistas da "nova reforma" que os séculos vindouros nos apresentarão.

---

[32] **Nota da Editora**: O Livro dos Espíritos, parte III, cap. 8.

Outro aluno pediu a palavra para também questionar, com o objetivo de esclarecimento geral:

– Senhor, a "nova reforma" que citaste será baseada em novas interpretações teológicas do livro sagrado ou novas escrituras se nos apresentarão reveladas?

O instrutor, com um gesto simples, fez surgir um exemplar holográfico da Bíblia Sagrada, cujas letras douradas de identificação contrastavam com o fundo preto de sua capa:

– A lei de Deus é única e imutável. Esta é a grande e primeira convicção a ser difundida. O mundo não precisa de novas teses morais desde que o Cristo esteve conosco. Nos ensinos cristãos estão todos os princípios básicos de que necessitamos para a nossa evolução moral na Terra. O que nos falta, todavia, é nos revestirmos da necessária humildade para considerar que as descobertas da ciência não mudam as verdades eternas de Deus, antes as revelam e as comprovam como lei da natureza. A mudança será paulatina, à medida que os avanços científicos acontecerem, para acreditarmos nos princípios da "nova reforma" que já se espalha no mundo. As novas gerações, das quais todos aqui farão parte, encarregar-se-ão de fomentar essas novas interpretações do Evangelho, corroborando com as incontestes descobertas científicas que virão. O processo de unificação das ideias será lento, mas contínuo, até culminar com a convergência de ideais em nossas estruturas organizacionais, para o atendimento das demandas crescentes de espíritos ávidos em estarem aptos às habitações do mundo regenerado que se formará.

– Então a "nova reforma" não será de cisão como no passado, mas de união com outras correntes religiosas? – perguntou outro aluno, com interesse.

– Se olharmos a linha do tempo futuro de forma ampla, sim. Todavia, nas comezinhas análises ano a ano, veremos acontecer discussões acaloradas, dissensões importantes e desligamentos notórios dos vanguardistas, que deverão sacrificar sua fidelidade às instituições, em nome das mudanças necessárias que a corrente do progresso trará. Assim como na Reforma Protestante, novas instituições surgirão, mas serão logo fundidas, pela similaridade de pensamentos com as já existentes. Em futuro próximo, cada vez mais, as religiões deverão encarar a razão face a face, pois que os homens possuirão outros conceitos advindos da ciência, que lhes habilitarão a questionar os dogmas.

Sarita ouvia a tudo com atenção, emocionando-se ao vislumbrar os rumos futuros previstos para a sua Igreja. Padre Marcelo, que também estava profundamente admirado, dirigiu-se ao Irmão Clarêncio em indagação sincera:

– Irmão, somente a nossa Igreja passará por essas transformações?

O velho instrutor chamou-nos a observar o vasto salão, para responder em seguida:

– Amigo, todos estes grupos que aqui se congregam representam os esforços ecumênicos que se iniciam na Terra para que o mundo regenerado se estabeleça. Aqui não há o embate religioso no campo das palavras, mas somente o sentimento do amor cristão. Devemos compreender que as estruturas religiosas mais robustas serão as que mais sentirão os impactos da mudança, mas de um modo geral o progresso virá a todas as correntes religiosas, sem distinção.

Marisa, que acompanhava as explicações com alegria, perguntou ao nobre instrutor:

– Mas, pelo que vejo, as religiões convergirão às verdades hoje difundidas pelo Consolador Prometido. Estaria a Doutrina dos Espíritos também sujeita a essas mudanças?

Carlos Theodoro, antecipando-se em auxílio de aprendizado, pediu a palavra para se manifestar:

– A doutrina espiritista, nobre irmã, sofrerá menos impactos no campo das ideias principais, no campo da teoria. Todavia, os seus adeptos deverão estar preparados para a "nova reforma" que virá, que será avassaladora no âmbito da organização prática do *modus operandi* espírita, hoje acanhado, ainda em experimentação. Os espiritistas deverão estar cientes e preparados para tamanha responsabilidade, pois, assim como os primeiros cristãos no mundo, receberão o "poder" em seu seio e serão provados na missão de conciliar as verdades eternas com a honra de conduzir os caminhos doutrinários das religiões na Terra[33]:

---

[33] **Nota da Editora**: o Espírito Humberto de Campos, pela psicografia de Francisco Cândido Xavier, na obra "Brasil, Coração do Mundo, Pátria do Evangelho", no capítulo "A Federação Espírita Brasileira", relata um diálogo entre Jesus e Ismael em que o Senhor apresenta a missão dos espíritas nos mesmos termos: "[...] Na pátria dos meus ensinamentos, o Espiritismo será o Cristianismo revivido na sua primitiva pureza, e faz-se mister coordenar todos os elementos da causa generosa da Verdade e da Luz, para os triunfos do Evangelho".

– Então deduzimos que testemunhos atrozes virão, assim como vieram ao encontro dos primeiros cristãos? – perguntou Mário Jorge, também com interesse.

– O testemunho – respondeu Theodoro – é marca indelével de qualquer cristão verdadeiramente cumpridor dos ensinos libertadores de Jesus Cristo. Desta vez, todavia, os testemunhos serão de outra ordem, de outra monta. Serão os espiritistas provados na sua capacidade de colocar em prática os conceitos de sociedades espíritas ensinados pelo mestre lionês Allan Kardec[34]. As arenas dos martírios serão substituídas pelos palcos do mundo religioso moderno que, pela enxurrada do progresso, levarão seus líderes às portas das instituições espíritas, propondo cooperação e entendimento. Nesse momento que virá, as feras interiores da alma serão libertadas e encontrarão, em prova, o espiritista que será testado nas intenções de ombrear com o Cristo, ocasião em que deverá usar de toda a humildade e da máxima caridade para compreender que a hora da regeneração chegou, anunciando os tempos do "Ave, Cristo" no mundo.

– Os testemunhos dos espíritas – disse, tentando colaborar com o nobre irmão – se assemelharão aos dos antigos cristãos pela abnegação e dedicação, pelo amor puro que os

---

[34] **Nota da Editora**: no item 341 de O Livro dos Médiuns, Allan Kardec resume as condições favoráveis para o enfrentamento dos testemunhos a que os espíritas são submetidos, cabendo ressaltar que os primeiros não mais apresentam o cunho dos martírios físicos, mas são de natureza essencialmente moral. Diante das vivências ali resumidas, é que os bons espíritos passarão a influenciar positivamente a todos quantos fizerem parte da sociedade espírita, facultando a ampla propagação doutrinária, religando os homens honestos e conscienciosos por laços de real simpatia e solidariedade mútua, contribuindo para o progresso geral.

guiava, pela consciência do necessário sacrifício pessoal em favor da coletividade. Nos sentimentos transmutados em ações práticas é que reconheceremos o espírita de amanhã, que deverá se esforçar para ser exemplo, como o foram os vanguardistas do Cristianismo primitivo. Não por outra causa, os fatos do início da história cristã estão sendo presentemente relembrados em estudos nos meios espíritas, os quais continuarão sendo incentivados por meio da captação mediúnica em vários pontos no Brasil. Senão vejamos...

Com a autorização do Irmão Clarêncio, que bondosamente me deixou conduzir aquele aspecto do aprendizado, levei o nosso grupo à turma que estava envolvida em estudos preparatórios na seara espírita, cujos alunos caminhavam em estágio final das providências para a reencarnação. À frente das elucidações, encontrava-se o irmão Rômulo, que falava mostrando imagens dos antigos cristãos nos três primeiros séculos de lutas e de sacrifícios na Terra:

– Inúmeras foram as personagens anônimas que lutaram com suas vidas, em entrega total à causa cristã. Cada vida simples, cada existência desses valorosos mártires encerram um drama pessoal, uma decisão íntima de mudança, uma lembrança dos preparativos prévios que tiveram antes de mergulharem nos círculos da carne, assim como todos nós estamos neste momento realizando. São milhares de exemplos de sacrifícios de toda ordem, no campo dos testemunhos, cujas memórias estão sendo espalhadas por meio de inúmeros médiuns, Brasil afora, no resgate desses sentimentos vanguardistas, para que o espírita sincero se sensibilize quanto ao novo tempo que está em formação. Desde o mais simples aldeão até os poderosos imperadores, muitas biografias perdidas no tempo, mas gravadas nos arquivos divinos, estão disponíveis aos meios espíritas, aguardando, algumas delas, serem recebidas, em complemento às obras imorredouras de Emmanuel, que foi o precursor desse movimento de resgate histórico.

Um aluno, que ouvia a tudo emocionado, aproveitou a pausa na fala do instrutor para perguntar:

– Irmão, ainda vemos no seio espírita muita heterogeneidade de práticas, em diversos modos de ação e de entendimento. Como poderemos colaborar neste aspecto, para que o processo de unificação realmente passe de meras intenções utópicas à concretude?

– Não obstante haver muita diversidade de prática – disse Rômulo, com semblante sério – a Doutrina Espírita é uma só, não cabendo dúbia interpretação pela clareza da codificação deixada por Allan Kardec. Contudo, temos a consciência de que o sincretismo, muito presente nas plagas brasileiras, influencia o processo prático espírita. Por isso os exemplos de instituições sérias e que trabalham em conformidade doutrinária devem ser difundidos pelo mundo afora, o que presentemente está em vias de execução, seja pelas ações institucionais federativas, seja pela intervenção direta da espiritualidade, na transferência de obras que abordem esse assunto. A vossa colaboração, neste mister, será de engajamento nas ações de ajustes doutrinários onde se fizerem necessários, multiplicando as diretrizes implantadas e bem-sucedidas em determinadas instituições espíritas. Esse processo perdurará algumas gerações, mas se acelerará nos próximos anos.

Os irmãos caravaneiros acompanhavam os estudos com respeito e admiração. Sarita, demonstrando sensível consideração, perguntou-me:

– Irmão Joel, nos círculos do Espiritismo existem muitos exemplos institucionais a serem seguidos?

– No campo da benemerência, sim; na área da organização institucional, nem tanto. A prática da máxima "fora da caridade não há salvação"[35] não só tem importante espaço no meio espírita, pelas exortações kardequianas, mas também porque a consciência de culpa da maioria dos seus adeptos ainda lateja em suas almas. Antigos carrascos das consciências alheias, que na maioria dos casos foram personagens que muito erraram nos antigos palcos religiosos, tratam de reparar suas ações do passado com a prática sincera e desapegada da caridade. É uma fase necessária de ajustes da consciência coletiva. Ao longo do tempo, contudo, além da continuidade das ações do amor em movimentos de amparo ao próximo, as instituições deverão iniciar o processo de preparo organizacional para crescerem e se multiplicarem, pois a demanda pelas verdades espirituais será cada vez maior. Nesse aspecto, há o exemplo de muitas instituições espíritas que crescem com diretrizes de segurança, que têm sido importante instrumento de unificação

---

[35] **Nota da Editora**: O Evangelho Segundo o Espiritismo, cap. 15.

das práticas e sentimentos, sem que se perca o caráter da liberdade institucional, que é marca salutar das sociedades que militam na seara espírita.

– E como trabalham essas instituições? – indagou Carl, demonstrando interesse – No que se baseiam essas "diretrizes de segurança"?

Clarêncio, antecipando-se, respondeu de inopino:

– Esse aprendizado os irmãos poderão obter diretamente na crosta, pois que o programa de vocês tratará justamente de estágio em uma dessas grandes instituições, que hoje está encravada no coração da Floresta Amazônica e que cresce para, um dia, proporcionar esses recursos de multiplicação institucional nos meios espíritas. Por ora, voltemos às nossas dependências, para o encerramento desta pequena visita, na qual tivemos a honra de recebê-los em colaboração humilde com essa "nova reforma" que se avizinha.

Seguimos Irmão Clarêncio em direção ao seu local de trabalho íntimo e ainda nos confraternizamos por algumas horas, incentivando-nos mutuamente, em agradecimento a Deus pelas bênçãos ali recebidas. Após sentida prece, em que a emoção nos movimentou o espírito, partimos em viagem à crosta, rumo à planície amazônica, esperançosos de que Jesus nos abençoasse as intenções nobres e dirigisse as nossas ações de intercâmbio, para a colaboração humilde na construção dos novos tempos que já se iniciaram.

Belle Époque[36]

Capítulo IV

Desde a nossa partida da Colônia do Amor, sentimentos de esperança e de emotiva alegria nos envolviam os espíritos, não somente pela excursão de esclarecimento com irmãos de outros pontos do planeta, mas pelo caráter de renovação e de missão do qual aquela primeira atividade de intercâmbio parecia revestida. Diversas vezes já havíamos levado à crosta irmãos em estágio de preparação ou esclarecimento sobre o Consolador Prometido, mas era a primeira vez que tais esclarecimentos se voltariam às questões diretamente relacionadas às peculiaridades da região amazônica e ao trabalho desenvolvido em suas plagas. Por

---

[36] **Nota da Editora**: o período conhecido como Belle Époque, vivido especialmente na Europa do final do século XIX até o início do século XX, caracterizou-se por expressões de prosperidade, ideias novas, modernidade, além de progressos materiais e tecnológicos. Manaus foi uma das poucas cidades brasileiras que desfrutaram de tudo quanto esse período pôde oferecer. Impulsionada por eventos importantes dessa mesma época (abertura dos portos às nações amigas, a nova forma de governo republicana e o incremento da circulação de riquezas pelo comércio da borracha), a capital do Amazonas passou por uma transformação radical em termos sociais, culturais, religiosos e arquitetônicos. Não por outra razão, a cidade bucólica dos confins do Império passou então a ser cognominada de "Paris das Selvas", mesclando à sua exuberante natureza a modernidade civilizatória de então.

isso, a nossa viagem à crosta se deu de maneira harmoniosa e tranquila, cheia de expectativas nobres no campo do trabalho abençoado pelo Cristo. A partir daquele momento da tarefa, a condução da caravana seria de responsabilidade dos irmãos Theodoro Gonçalves e Bernardo d'Almeida, que prepararam pequena excursão de cunho histórico, para contextualizar o aprendizado que nossos irmãos teriam. Como ponto de chegada, nossos instrutores nos fizeram parar no local conhecido como região das lajes[37], lugar de privilegiada visão do fenômeno natural chamado de "Encontro das Águas"[38].

– Escolhemos este local como primeiro ponto do aprendizado – disse-nos Theodoro, com sentida emoção nos olhos – pelo simbolismo que ele encerra para esta cidade que tanto amamos, que tanto nos emociona o coração. Esta visão maravilhosa, criada pelas "mãos" abençoadas da natureza, como que a nos presentear em rogação de paz, já era há muito tempo conhecida pelos habitantes que aqui viviam, antes da chegada do homem europeu, que trouxe o dito progresso à custa da barbárie e da escravização. O

---

[37] **Nota da Editora**: as rochas sedimentares da Formação Alter do Chão, que compõem grande parte do substrato da cidade de Manaus, afloram na Ponta das Lajes, englobada no patrimônio turístico-paisagístico do fenômeno do Encontro das Águas Manauara, que, por sua vez, destaca a área fluvial da confluência dos rios Negro, Solimões e o primeiro segmento do Rio Amazonas.

[38] **Nota da Editora**: o encontro das águas do Rio Solimões com as águas do Rio Negro, para dar origem ao Rio Amazonas, é um fenômeno hidrogeológico importante, peculiar e espetacular. Nesse local – em frente à cidade de Manaus – as águas barrentas do Solimões, reunidas desde os Andes, e as águas pretas do Rio Negro, coletadas a partir do Escudo das Guianas, juntam-se, "convivem" por mais de 40 km, aos poucos se misturam e seguem seu curso em direção ao Oceano Atlântico.

encontro dos dois rios gigantes, cada qual em sua cor contrastante, dá-nos valorosa lição de tolerância, de convivência pacífica e harmônica, que culmina com a unicidade, mais adiante, na formação de um ser mais forte, mais poderoso. Esta lição, que era conhecida por muitos habitantes pacíficos da região, não foi entendida pelo homem branco, que não cumpriu com a sua parte para a harmonia, desonrando o simbolismo espiritual deste local. O rio Negro, consolidado e tranquilo, representava os povos nativos, harmoniosos e integrados à natureza, enquanto que o Solimões representava o povo branco europeu, que destrói e se agita, procura a sua formação ideal e, como no fenômeno das terras caídas, busca o seu espaço de harmonização com a natureza, à custa da destruição.

O nobre instrutor revelou, na necessidade da pausa em suas palavras, a grande emoção que aquele lugar lhe trazia ao espírito. Admirados pelo simbolismo que até então desconhecíamos, mas que encerrava profunda coerência, continuamos a ouvir, também com emoção:

– Dessas margens abençoadas surgiu esta nossa cidade amada e querida, de tantas histórias de ricos enlevos espirituais e, como as demais cidades humanas, de capítulos menos nobres de ambição criadora de desigualdades. É por essa história que iniciaremos o nosso pequeno estágio de aprendizado, antes de nos envolvermos com as tratativas no campo vasto da seara espírita. Com a emoção que agora nos envolve, que me faz relembrar imorredouros sentimentos de nossa última reencarnação, peço que agradeçamos a

Deus e a Jesus Cristo as bênçãos de paz em nossa viagem e a honra de experimentarmos estas primeiras emoções, neste lugar de abençoados eflúvios para o nosso espírito.

Convidando-nos a darmos as mãos, nosso emocionado instrutor proferiu sentida prece, que foi dita mais ou menos nestes termos:

– Senhor Jesus! Quando caminhamos pela primeira vez por estes rincões amazônicos, em busca do ouro e dos prazeres do mundo, não Te conhecíamos como Te conhecemos hoje. Quando vimos, pela primeira vez, esta paisagem maravilhosa, não nos sensibilizamos como ora o fazemos, porque não Te conhecíamos como Te conhecemos hoje. Quando, pelo nosso egoísmo de mercadores do mundo, eliminamos nações inteiras, sem ouvir o clamor de mães, velhos e crianças indígenas, não Te conhecíamos como Te conhecemos hoje. Quando, enfim, Senhor, a nossa ganância atingiu o ápice, ao ponto de empreendermos ações no sentido de destruirmos a floresta, que é sinônimo da própria vida amazônica, foi porque não Te conhecíamos como Te conhecemos hoje. Desta vez, Senhor, a nossa emoção é outra, o nosso sentimento é diferente! Os olhos se enchem de lágrimas ao contemplar esta maravilha de Deus, arrependidos da ganância pela busca dos tesouros terrenos. As mãos tremem chorosas, implorando perdão aos irmãos indígenas, pelas ações de assassínio e de crueldade. A mente suplica oportunidades de reparação, lamentando a ignorância pela destruição que realizamos, derrubando a floresta, que é a mãe de todos que habitamos aqui. Hoje, Senhor, já Te conhecemos ao ponto de termos iniciado o nosso "basta" espiritual, de termos começado o nosso caminho de reparação! Junto com irmãos de outras plagas, ávidos por conhecimento, retornamos a estas abençoadas terras que nos receberam no passado, desta vez, não mais com o espírito de ganância e destruição, mas com o sentimento de colaboração fraternal, para que a mensagem que é tua, de paz, de preservação e de amor à vida se espalhe no mundo. Abençoa-nos assim, Senhor, a fim de que sigamos merecedores da tua santa atenção, da tua bondade e da tua misericórdia, ajudando-nos no resgate que ainda temos que realizar, pelas imensas dívidas que possuímos com esta região iluminada pela força de Deus!

Enlevados com a emoção de Theodoro, que nos fez rememorar cenas e capítulos da dominação humana na Amazônia, ainda nos detivemos na contemplação reflexiva daquela paisagem sublime, que resplandecia as suas luzes, espelhando os primeiros raios de sol do dia, anunciando uma jornada harmônica com o calor característico daquela região. Após terminarmos as nossas meditações pessoais, o nobre irmão Theodoro nos convidou a segui-lo em direção à formosa praça na região antiga da cidade[39], construída e

---

[39] **Nota da Editora**: referência à Praça São Sebastião, um logradouro importante do centro urbano de Manaus, tanto pelo seu significado histórico quanto pela sua representatividade na paisagem formadora do imaginário sobre a cidade. Sua origem remonta ao dia 7 de setembro de 1867, data em que o médico Dr. Antônio Davi Vasconcelos de Canavarro inaugurou o local, depois de ter erguida uma coluna de pedra de seis metros de altura, com quatro faces lisas e outros arranjos estéticos, visando consagrar o ato de abertura do rio Amazonas ao comércio mundial, ocorrido em 7 de dezembro de 1866. Em torno dessa coluna a praça se consolidou e, posteriormente, no início de século XX, passou por reformas e melhoramentos, tendo então recebido o famoso Monumento de Abertura dos Portos do Amazonas ao Comércio Mundial, um projeto de autoria do artista italiano Domênico

urbanizada no ápice do florescimento econômico proporcionado pelo ciclo da borracha[40]. Circundada por belas árvores, notávamos que os primeiros transeuntes começavam a circular por aquele local, evidenciando as preocupações do dia a dia nos seus passos apressados e cheios de intenções, quase sempre voltadas à manutenção da vida no campo material. Observando a similaridade, irmã Sarita nos perguntou:

– Esta praça não é muito parecida com a praça central do centro de pesquisas do Posto do Amor?

– Sim, minha irmã – respondeu o nobre Bernardo, com um sorriso – tentamos copiá-la aqui, em um arroubo de saudades intuitivas. Não obstante haver quantidade menor de assentos, que na nossa esfera são utilizados para as palestras nos círculos de estudos, podemos notar as mesmas linhas, em homenagem ao encontro das águas, e os mesmos contornos paisagísticos, apesar de seu menor tamanho.

---

de Angelis, bem como um belo calçamento com paralelepípedos portugueses de granito nas cores preta e branca, que sugerem, quando vistos em conjunto, o encontro das águas negras do Rio Negro com as barrentas do Rio Solimões. Esse calçamento foi executado por Antônio Augusto Duarte. A Praça São Sebastião integra, juntamente com outros grandes monumentos da história manauara – como a Igreja de São Sebastião, o Palácio da Justiça e o Teatro Amazonas – o Largo de São Sebastião.

[40] **Nota da Editora**: período entre 1870 e 1913, no qual a Amazônia foi hegemônica na exportação de borracha para a demanda industrial surgida com a vulcanização. Durante o mesmo, o sistema de aviamento – mecanismo de sustentação dos trabalhadores em campo e coleta da produção gerada – garantia excedentes em favor da acumulação capitalista, que tinha uma parte retida no exterior ou transferida para outras regiões do Brasil por meio de impostos federais, e outra que financiava a opulência urbana de Belém e Manaus, tendo essas cidades alcançado níveis internacionais em equipamentos e facilidades urbanas. Entre 1912 e 1913, a produção asiática – iniciada pela transferência de sementes da Amazônia – passou a dominar o mercado, com quantidade maior, preço menor e qualidade melhor. Findava a fase áurea do ciclo da borracha e a região entraria em decadência.

Como tudo no campo material que se inspira do alto, é uma cópia imperfeita de nossas plagas, criada pela conexão de nossos trabalhadores, quando encarnados em décadas passadas.

Theodoro Gonçalves, colocando-se em posição de quem iria imprimir ritmo de encaminhamento inicial aos estudos dirigidos aos nossos irmãos caravaneiros, falou-nos apontando as antigas construções:

– Em um raio de aproximadamente um quilômetro desta praça, concentram-se a maioria dos símbolos da ocupação forânea destas terras, ora evidenciando a sensibilidade à cultura iluminista, ora demonstrando a ganância e os enormes arroubos de desperdícios. Alheios a tudo, os povos que aqui habitavam foram simplesmente ignorados enquanto seres partícipes da colaboração direta, tendo sido tão somente utilizados como escravos, circunstância em que eram dizimados por causa de suas constantes ações de resistência à submissão ao homem branco. Não podemos contextualizar a história da construção da estrutura espiritual que hoje é formada em torno desta região, sem nos envolvermos na própria história da dominação humana destas terras, que se constituiu em uma das mais violentas incursões de colonização já registradas, com a eliminação de milhões de almas, em processo degradante e desumano. Sob pretexto de ampliação territorial e de catequização, milhares de colonizadores se instalaram pela região amazônica ao longo dos séculos – mas no fundo sabemos que a busca pelo "Eldorado" era o que os movia – fazendo surgir as cidades que hoje conhecemos. Não obstante a natureza de ambição que marcava a quase totalidade das intenções humanas, espíritos abnegados e desbravadores se embrenharam nas selvas para plantar, ao modo da época, as primeiras lições do Evangelho de Jesus nestas regiões. Centenas de religiosos iniciaram a catequização dos habitantes da Amazônia, construindo as primeiras igrejas, ao redor das quais geralmente as cidades se desenvolviam. Esta cidade também não foi diferente em seu nascedouro. Os primeiros colonos, quando aqui chegaram, construíram pequeno forte formado por quatro lados retilíneos, inclusive contando com a colaboração dos nativos que aqui habitavam. Foi ao redor desse forte que a história desta hoje grande cidade se iniciou, mantendo por longo tempo um lento e provinciano crescimento, até que uma das árvores amazônicas[41] mudasse intensamente esse ritmo, pelo progresso oriundo da iluminação cultural que o crescimento econômico proporcionou.

Oferecendo-nos oportunidades de indagação pela pausa intencional de suas palavras, Theodoro atendeu ao pedido do jovem padre italiano, que interessado pela igreja que se encontrava à nossa frente, perguntou:

---

[41] **Nota da Editora**: trata-se da seringueira, um dos nomes da Hevea brasiliensis, espécie arbórea mais importante do gênero Hevea, da família Euphorbiacea. Conhecida por vários nomes, como árvore-da-borracha e caucho, tem origem nos países da PanAmazônia e também nas florestas da Guiana e Suriname. É uma árvore de ciclo perene, com ocorrência natural ou em modo cultivado, e é utilizada de modo extrativo, com a finalidade de produção da borracha natural, circunstância que lhe transformou em produto responsável por um exuberante ciclo econômico na Amazônia, entre o final do século XIX e início do século XX. Nessa época, foi transferida para países da Ásia, onde passou a ser cultivada em grandes plantios monoculturais. No Brasil, depois do ciclo extrativo na Amazônia, ela passou a ser cultivada, com êxito, nas regiões Sudeste e Centro Oeste, chegando mesmo, mais recentemente, a estados como Bahia e Paraná.

– Irmão, é fato que a nossa Igreja, quando andou de mãos dadas com os poderosos ou quando ela mesma possuía o poder de decisão política, cometeu excessos, com argumentos de evangelização. Todavia, imagino que os irmãos católicos que desbravaram estas terras, à época selvagem, enfrentaram imensas dificuldades de toda ordem, em um esforço admirável de espírito missionário. Tais ações não estariam sob o guante dos encaminhamentos da espiritualidade maior, regida pela batuta do próprio Cristo?

Theodoro também se virou em direção à formosa igreja dos capuchinhos[42], cujos sinos anunciavam o início da primeira missa do dia, para nos falar em seguida:

– Se a misericórdia divina não abandona sequer o malfeitor deliberado, amparando-o sempre, ao espírito de boa vontade é que abençoa ainda mais, incentivando os propósitos edificantes. Não podemos classificar a ação da Igreja da época simplesmente pela ótica política, pois que a espiritualidade que dirige o mundo também não cessa as suas atividades, obedecendo determinações do Cristo. Os excessos

---

[42] **Nota da Editora**: trata-se da Igreja de São Sebastião, prédio histórico que integra, junto com outros importantes monumentos da história de Manaus – como o Teatro Amazonas, Palácio da Justiça e a Praça São Sebastião – o Largo de São Sebastião (vide nota sobre a Praça São Sebastião). Teve origem em 1859 com a chegada a Manaus de missionários franciscanos, da irmandade de São Sebastião, oportunidade em que ergueram, nos fundos do terreno onde residiam (rua Conde D´Eu, atual Monsenhor Coutinho) uma pequena capela de madeira. Apesar de o Presidente da Província do Amazonas, Leonardo Ferreira Marques, informar em seu relatório de 1868 que a construção da igreja estava contratada e seria iniciada por Leonardo Malcher, somente em 1870 as obras realmente começaram, tendo a inauguração se dado em 1888, mas somente com uma torre e portanto um sineiro, circunstância que lhe marcaria como característica inusitada. Tem estilo eclético, com elementos de inspiração medieval e interior ornado por painéis e vitrais europeus, bem ao estilo da época. Desde sua fundação, a igreja pertence aos padres capuchinhos.

cometidos pelas igrejas são sempre excessos de indivíduos que não honram a posição de comando de que são investidos, influenciando lamentavelmente as ações de seus liderados. Todavia, vez por outra, espíritos com missões de ajustes reencarnam para, com seus exemplos, incitarem os processos de mudanças necessárias. Assim como os irmãos capuchinhos, que tiveram importante papel na catequização pura, outros como carmelitas, mercedários e jesuítas também atuaram na evangelização, cabendo entretanto a estes últimos a missão árdua de espalhar o Evangelho nos rincões amazônicos, por meio da Companhia de Jesus, cujos integrantes eram diretamente assistidos pelos mentores de nossa esfera, que lhes amparavam e intuíam nas necessidades de perseverança e tolerância. Apesar disso, muitos foram os excessos cometidos pela aplicação do livre-arbítrio humano, o que não passou despercebido pelos olhos do Cristo, que convocou valorosa plêiade de espíritos, em missão de envolvimento, para direcionar os rumos do futuro país do Evangelho[43].

Theodoro, mais uma vez, apontando para a igreja que acabara de abrir os seus portões de madeira, recebendo os fiéis, continuou a nos falar:

– Foi nesse período que se levantaram as vozes da liberdade, país afora, iniciando o processo secular que culminou com a proclamação da independência, a abolição da escra-

---

[43] **Nota da Editora**: o conteúdo deste parágrafo deve ser considerado à luz da manifestação do ministro Samir na parte final de seu pronunciamento na Colônia do Amor, incluso no capítulo "Novos Tempos" quando se refere ao processo "dito de civilização" imposto aos povos nativos, o qual é caracterizado, no geral, como "autoritário, escravizante e destruidor".

vatura e a instituição da república. Dentre essas vozes que gritaram pelos menos favorecidos, não podemos deixar de lembrar o padre Antônio Vieira, que se insurgiu bravamente contra o modo de catequização que violentava as culturas indígenas, inclusive defendendo a utilização da própria língua nativa como instrumento de aproximação e tolerância aos indígenas. Também foi ferrenho defensor da abolição da escravatura de negros e índios, pregando a cooperação entre os homens, por meio de seus sermões de profundo conteúdo teológico, político e social. Agindo ao ponto de ser levado a julgamento pela Inquisição, não sossegou um só minuto, defendendo os seus ideais vanguardistas, que surtiram o efeito libertador muitos anos depois. Nesta região, todavia, a influência das ideias do venerando espírito, que hoje milita em torno do Consolador Prometido, teve profundo alcance, pois por aqui se aboliu a escravatura anos antes de tal ocorrer, por reconhecimento oficial, em todo o Brasil[44].

O irmão Carl, interessado pelo assunto relativo aos missionários, por sua vez, também perguntou:

---

[44] **Nota da Editora**: o Amazonas foi a segunda Província do Império a abolir a escravatura, pouco mais de três meses após o Ceará e quase quatro anos antes da Lei Áurea. Theodoreto Souto, então Presidente da Província, embora sabedor de que isso lhe custaria o cargo, declara a alforria dos últimos cativos de Manaus em 24 de maio de 1884, e decreta a abolição da escravatura no Amazonas em 10 de julho do mesmo ano. Coroava-se assim um engajado movimento abolicionista local que contou com grande número de cidadãos amazonenses, bem como com a criação de dezenas de grupos abolicionistas. Tais ações demonstram um comprometimento idealista e humanista dos espíritos dessa região com as causas da liberdade, igualdade e fraternidade entre os homens. Ruas do centro histórico de Manaus homenageiam até hoje o benemérito presidente abolicionista, assim como as referidas datas.

– Pelo visto, a influência da Igreja, como em quase todos os países colonizados, foi muito grande. Mas como se deu a chegada de outras correntes religiosas por aqui? Também tiveram esse caráter missionário?

O nobre instrutor olhou em direção ao grande teatro[45] que se projetava à nossa frente, para nos esclarecer em seguida:

– Individualmente, todos nós somos missionários da própria iluminação íntima, do próprio crescimento na virtude que é a reunião de todas as qualidades que definem o homem de bem no mundo[46]. Quando esta missão pessoal extrapola os escaninhos da individualidade e a iluminação se estende a um grupo de pessoas, numeroso ou não, eis que o caráter missionário aparece aos olhos do mundo, ganhando destaque como exemplo para a posteridade. Nesta região, muitos foram os missionários, de variadas corren-

---

[45] **Nota da Editora**: trata-se do Teatro Amazonas, edificação histórica que integra, junto com outros importantes monumentos da história de Manaus – como a Igreja de São Sebastião, a Praça São Sebastião e o Palácio da Justiça – o Largo de São Sebastião (vide nota sobre a praça e a igreja). Sua construção arrastou-se por vários anos, tendo recebido impulso durante o último governo de Eduardo Ribeiro (27/2/1892 a 23/7/1896). A inauguração ocorreu em 31/12/1896 e, desde então, tem sido considerado o mais importante símbolo da fase áurea do ciclo econômico da borracha na região amazônica. Tudo nele é monumental, como a cúpula composta por 36 mil peças de escamas em cerâmica esmaltada e telhas vitrificadas, vindas da região francesa da Alsácia; a sala de espetáculos com capacidade para 701 pessoas, distribuídas entre a plateia e os três andares de camarotes; a pintura do teto do Salão Nobre, denominada "A Glorificação das Bellas Artes na Amazônia", de 1899, de autoria de Domenico de Angelis; os sofisticados ornamentos sobre as colunas do pavimento térreo homenageando personalidades inesquecíveis do universo artístico, como Ésquilo, Aristófanes, Moliére, Rossini, Mozart, Verdi e outros. No Teatro Amazonas, durante o fausto da borracha, em plena selva amazônica, registraram-se grandes apresentações, colocando Manaus em conexão com o que ocorria no mundo artístico dos centros mais avançados.

[46] **Nota da Editora**: O Evangelho Segundo o Espiritismo, cap. 17, item 3.

tes religiosas, que dedicaram as suas vidas ao ideal do bem em favor dos outros. Os ditos trabalhadores da última hora não poderiam ter atuado como atuaram, se o campo do Senhor não tivesse sido preparado pelos primeiros missionários, que amainaram as dificuldades iniciais de toda ordem, propiciando oportunidades para semeadura das doutrinas renovadoras, que se espalhavam no mundo, reformando os antigos conceitos religiosos, em preparo para o advento do Consolador Prometido por Jesus, que viria por derradeiro. Assim, por exemplo, em vossa corrente religiosa, nobre e abençoada, não podemos deixar de creditar ao casal Eurico e Ida Nelson, os méritos do desbravamento missionário batista, quando abandonaram seus países de origem, de língua inglesa, para se dedicarem à missão a que o Senhor Jesus os convidava, de franquear os ensinos evangélicos à luz da reforma protestante, proporcionando uma maior intimidade e aproximação dos indivíduos às escrituras sagradas, sem as quais dificilmente as criaturas compreenderiam a mensagem cristã. Inúmeras igrejas foram criadas, associadas à benemerência, em diversos pontos da Amazônia. Uma sólida Igreja Batista se formou, em 1900, marcando o seu espaço, ainda em meio a um período de preconceitos e intolerância religiosa, resquícios da famigerada e incompreensível Inquisição.

Olhando para a nobre irmã Sarita, que a tudo ouvia ao mesmo tempo em que se encantava com os inúmeros pombos que brincavam no pátio preto e branco da praça, Theodoro imprimiu um tom de finalização àquela fase inicial dos preparativos aos estudos na seara espírita:

– Como nos ensinou Jesus em sua santa parábola[47], o esforço dos últimos trabalhadores é igualmente apreciado por Deus, desde que seja movido pela boa vontade em todos os momentos, e não pela inércia gerada pela acomodação. Devemos, todos nós que chegamos para a renovação espiritual destas plagas, honrar a memória dos primeiros missionários que, obedecendo aos desígnios do próprio Cristo, experimentaram atrozes dificuldades para nos legar as facilidades que encontramos nos aspectos religioso, social, urbano e educacional. Foi nesta última condição que, como mais um exemplo, os irmãos salesianos chegaram[48], trazendo a mensagem santa do envolvimento da juventude amazônica às atividades laborais, sob os ideais do padre Dom Bosco, cujo legado ainda se espalha com nobreza pelo mundo, não obstante as inúmeras dificuldades enfrentadas. Escolas de preparação técnica, mas baseadas na formação espiritual, incutiam o sentimento religioso em milhares de espíritos, que se preparavam para a construção da massa cultural da região, para a formação da identidade genuinamente amazônica, que ainda procura seu espaço na socie-

---

[47] **Nota da Editora**: o trecho se refere à parábola dos trabalhadores da vinha, comentada em nota inserida no capítulo "Posto do Amor".

[48] **Nota da Editora**: a Pia Sociedade de São Francisco de Sales, atualmente conhecida por Congregação Salesiana, foi fundada por Dom Bosco em 1859. Direcionada fundamentalmente aos jovens e inspirada na pedagogia humanista do primeiro, utiliza o método educativo conhecido como Sistema Preventivo, cujos pilares são: o amor, a razão e a religião. Em Manaus, a primeira escola salesiana fundada foi o Colégio Dom Bosco, em 1921, e alguns anos mais tarde, novas instituições de ensino foram sendo construídas sob os mesmos preceitos: Colégio Nossa Senhora Auxiliadora, Colégio São Domingos Sávio e Centro Educacional Santa Teresinha (antigo Patronato).

dade atual. As dignas "Servas de Maria"[49] também reencarnaram com espírito missionário, construindo verdadeiros santuários de formação moral e religiosa, que solidificaram a veneração a Deus, nos meios familiares, de tantas mães que foram criadas em sua base, com a educação extraída do exemplo santificado de renúncia e dedicação de Maria. Acompanhadas de importantes ações assistenciais e caritativas, todas essas igrejas, templos e instituições se estabeleceram sob a égide cristã, convivendo com as distinções, em um quase ideal harmonioso – o que contribuiu para a diversidade que hoje é característica marcante do nosso povo – experimentando réstias do que vivemos em nossa esfera espiritual, plena de fraternidade e de tolerância, apesar das diferenças.

A resposta do irmão Carlos Theodoro parecia satisfazer aos espíritos ávidos de esclarecimentos dos irmãos caravaneiros. Todos, sem exceção, ouviam com sentido respeito e admiração a sequência da jornada dos missionários de outrora, que estenderam o tapete da tranquilidade para que hoje os trabalhadores do Cristo pudessem passar. Profundamente emocionado, Mário Jorge pediu permissão para perguntar aos nobres companheiros, em rogativa de esclarecimento:

---

[49] **Nota da Editora**: a Congregação Servas de Maria Reparadoras (SMR), de origem italiana, que, na Amazônia, está presente no Município de Sena Madureira, Estado do Acre, desde 1921 até os dias presentes (atuam, presentemente, também em Xapuri, Rio Branco e Cruzeiro do Sul), é um exemplo das diversas ordens religiosas que atuaram e atuam em vários locais dessa imensa região amazônica com o propósito de promover a fé e o amor apregoado por Cristo.

– Irmãos, em todo esse contexto, como surgiu o Espiritismo em nossas terras? Existiram também os missionários nesse campo?

O companheiro Bernardo d'Almeida adiantou-se, com a anuência do instrutor responsável, fazendo-nos olhar em direção ao conjunto de prédios antigos que circundam a pequena praça, para responder em seguida:

– O início da história do Espiritismo em nossa região coincide com o período que se convencionou chamar de *Belle Époque*, em cujo auge se importou para cá a cultura europeia dominante, particularmente das plagas francesas, trazendo a modernidade no campo material, de invenções e construções, mas principalmente no campo das ideias que fervilhavam nos círculos intelectuais europeus. Foi assim que inúmeros espíritos se deslocaram das colônias ligadas à França para vir colaborar com a fixação dos ensinos espíritas nesta região. É preciso lembrar que a sociedade local, à época, pelas possibilidades hauridas com o ciclo da borracha, costumava enviar seus jovens para estudar na Europa, especialmente na França – país cuja hegemonia cultural ainda se fazia sentir na segunda metade do século XIX e início do século XX – onde eles aprendiam obrigatoriamente o francês. Nesse intercâmbio cultural é que foram preparados os primeiros missionários colaboradores do Espiritismo para estas terras, os quais, pelas suas posições de destaque nos círculos sociais da intelectualidade da pequena elite manauara, puderam apreciar os primeiros exemplares de O Livro dos Espíritos e de O Evangelho Segundo o Espiritismo, no original francês, cujos ensinos logo encantaram os homens e mulheres que estavam, em espírito, preparados para receber as verdades do Consolador. Muitos destes prédios que ora vemos receberam em seus ambientes grupos de irmãos que se reuniam regularmente para ler, estudar, comentar e vivenciar os ensinos espiritistas. Logo o entusiasmo chegou também a importantes líderes políticos da época, como o ilustre Leonardo Malcher[50] que trabalhou incansavelmente para a instalação formal da Doutrina Espírita em Manaus, ajudando a construir a sede da Federação Espírita Amazonense, que reunia todos os adeptos da nova doutrina, em torno da mensagem da unificação regida por Ismael neste país.

Fazendo breve pausa, Bernardo d'Almeida apontou para o grande teatro à nossa frente, para finalizar a sua resposta:

– As transformações pelas quais passou a então provinciana Manaus, com a alteração drástica em sua urbanização, serviços públicos e qualidade do ensino, não foram

---

[50] **Nota da Editora**: Leonardo Antônio Malcher nasceu em um sítio próximo ao rio Acará, nas redondezas de Belém-PA, em 06 de novembro de 1829. No Amazonas, foi importante líder político, destacando-se como defensor dos trabalhadores e oprimidos, tendo exercido, por diversas vezes, os cargos de vereador e intendente (atual cargo de prefeito) de Manaus, onde desencarnou em 30 de março de 1913. Além de seu desempenho na área política e social, teve grande importância para o fortalecimento do Espiritismo nas terras amazônicas. Fundou a segunda instituição espírita do estado, o Grupo Espírita "Filhos da Fé". Homem de posses e projeção, doou o terreno, e com recursos próprios construiu a sede da Federação Espírita Amazonense, cedendo a sua residência para as primeiras reuniões da comissão encarregada da construção. Também participou da comissão que elaborou o primeiro estatuto da federativa.

obra do acaso, mas a execução de plano do mais alto, como preparação necessária para que a mensagem renovadora do Espiritismo pudesse encontrar aqui um campo fértil, onde as sementes dos princípios básicos da doutrina pudessem germinar. Poucos são os registros disponíveis no plano dos encarnados, mas inúmeras personalidades se engajaram à causa espírita, que no início figurava ainda como opção filosófica de muitos, mesmo daqueles que professavam outras religiões. Algumas dessas histórias de vida serão resgatadas um dia, por meio da psicografia, a fim de que o exemplo desses valorosos desbravadores estimule os trabalhadores desta e das outras gerações futuras. Como, por exemplo, a do governador Eduardo Gonçalves Ribeiro[51], espírito preparado para engendrar mudanças no campo físico, e cujo engajamento como estimulador da vinda de novas ideias de transformação poucos conhecem, entre elas o Espiritismo, com o qual teve inúmeros contatos, por meio de reuniões organizadas pelos seus assessores mais diretos, adeptos de nossa doutrina. Em cada canto deste centro histórico estão

---

[51] **Nota da Editora**: Eduardo Gonçalves Ribeiro nasceu em 18 de setembro de 1862, em São Luís, Estado do Maranhão, onde atuou como jornalista e estudou no Liceu Maranhense. Transferiu-se, depois, para o Rio de Janeiro, onde estudou na Escola Militar, graduando-se oficial do Exército, bacharel em ciências físicas e naturais e engenharia. Em 1887 foi deslocado para Manaus, Estado do Amazonas, onde atuou como militar, responsável por obras públicas e demarcação de terras e, sobretudo, como político, tendo sido vice-governador, governador, deputado estadual e presidente do Poder Legislativo amazonense. Foi eleito senador por duas vezes, mas não conseguiu assumir o cargo em razão de manobras políticas e legais de seus opositores. Faleceu em 14 de outubro de 1900, em circunstâncias cujas evidências indicam ter sido assassinado por adversários políticos que, para mascarar a história, divulgaram ter sido suicídio. Sua atuação como administrador público marcou a história da cidade de Manaus, convertendo-a em cidade moderna, bem estruturada e bela, e do Estado do Amazonas, que se tornou respeitado perante a República e alcançou novos patamares de seu processo civilizatório.

gravadas lembranças ricas dos primeiros grupos de espiritistas, que ainda vacilavam em meio à pressão do preconceito e da intolerância religiosa reinante na igreja dominante, que tentou, sem sucesso, frear a marcha do Consolador nesta região. Apesar de estar ainda vivendo os primeiros segundos no relógio do tempo planetário, o Espiritismo caminha firme nesta região, e cresce não pelo proselitismo ou pela propaganda alardeadora, mas pela conduta de seus adeptos que, pouco a pouco, vão assimilando as teorias e transformando-as em práticas, em ações de amor.

– Percebemos que a obra de Deus se espalhou por esta região em diversas frentes. – disse Padre Marcelo – Mas haverá alguma relação das missões evangélicas com a causa da preservação das matas, como bem indicaram os mentores da Colônia do Amor?

– Quando a mensagem do Cristo se espalha – respondi, após pedir permissão de nossos instrutores – o amor verdadeiro invade paulatinamente o coração dos homens, integrando-os à obra de Deus, da qual também fazem parte. Atualmente, a compreensão da mensagem do Cristo está ecoando em todos os matizes no sentido de alertar os religiosos para a necessidade de engajamento à causa da defesa da vida, do planeta e de seus recursos naturais. Não há, presentemente, uma só corrente religiosa séria e nobre que não esteja pautando suas agendas de trabalho em torno de uma ou de outra ação de conscientização voltada para a preservação da floresta e do seu uso sustentável. Essas providências são necessárias com vistas ao preparo da sociedade para o recebimento dos projetos que vimos sendo elaborados em nossa esfera de ação, cujas ideias contribuirão para vencer as resistências da ganância humana, pela pressão da sociedade local e exterior, que já estará sensibilizada, por meio dos seus líderes, nos diversos campos de trabalho, dentre eles as correntes religiosas do mundo.

Estabeleci uma pausa no falar, para observar os olhares de nossos irmãos, os quais me ouviam concentrados. Porque precisávamos continuar o aprendizado, arrematei os pensamentos, envolvido em profunda emoção:

– A Terra já não suporta mais viver sem o amor de seu mais importante inquilino. Ao longo de sua existência, sob o cuidado amoroso do Cristo e de seus anjos, o planeta esmerou-se em árduo trabalho de transformação, propiciando ao homem as bênçãos dos recursos naturais, em um presente belíssimo de amor. Trabalhou a nave-mãe, por intermédio da química de seus elementos, criando filtros naturais que protegessem o homem da radiação nociva e do ataque natural de meteoros e meteoritos que se desintegram antes de chegar à crosta. Todavia, o homem ainda retribui com farpas e agressões, danificando tais filtros e desequilibrando as possibilidades do planeta de proteger a si e às demais criaturas. Laborou, a gloriosa Terra, na temperança do seu clima, para que o homem vivesse confortavelmente, presenteando-lhe com quatro estações maravilhosas, cada qual com suas belezas e encantos inspiradores. Entretanto, eis que o homem retribui despejando na natureza bilhões de toneladas de resíduos de toda espécie, alterando as suas possibilidades de renovação cíclica e obrigando-a a reagir com ajustes climáticos que sempre são acompanhados por tragédias naturais de grandes proporções, que disparam o resgate coletivo de milhões de pessoas. Esforçou-se, o nosso orbe, em presentear o homem com belas paisagens coloridas, onde o verde predomina, com as imensas florestas e outras coberturas vegetais, constituindo verdadeiras fábricas de produção do mais rico elemento da sobrevivência do ser humano, que é o oxigênio. Porém, o homem retribuiu dizimando as florestas do mundo, aniquilando e extinguindo milhares de espécies que lutavam para evoluir, criando paisagens urbanísticas estéreis, no lugar do paraíso verde que a Terra levou milhões de anos para criar. Por isso estamos aqui, com o único propósito de aprendermos a amar como o Cristo nos ensinou e, nesse aprendizado, seja qual for a frente de trabalho a que estivermos vinculados, reconheceremos que o cuidado com a natureza é também nossa prioridade no exercício da fraternidade cristã. Nossas dívidas para com ela são imensas e urge que contribuamos para o seu reequilíbrio, afastando-nos da ganância que ainda nos envolve. Eis porque esta região é uma das prioridades do Senhor e de seus iluminados colaboradores, e eis porque também muitos esforços e atenções da Humanidade estão voltados atualmente para cá, em reação quase tardia de arrependimento do homem, ante as suas lamentáveis ações de degradação. As religiões daqui atuam em nome do amor a Deus, porém não há amor se há violência e ganância, destruição e desigualdades, efeitos que são frutos do egoísmo. Não há como amar plenamente o próximo, sem amar o meio em que ele vive. É por isso que Jesus continua e sempre continuará sendo o farol de nossas viagens, quando nos incita: "amai-vos uns aos outros como eu vos amei"[52].

Embevecidos ficamos, todos nós, na emoção que o amor do Cristo nos inspira a qualquer tempo. O grupo todo ali compreendeu a urgente necessidade de reparar a Terra das agressões por ela recebidas. Nessa motivação foi que nossos instrutores nos levaram a conhecer mais de perto alguns expoentes históricos construídos pelo homem amazônico, durante o período áureo da borracha. Assim, caminhamos pelo interior das igrejas antigas, observando as luzes espirituais que ali se imantam; adentramos palacetes que hoje pertencem ao Estado, mas que foram dependências de nobres figuras históricas, que contribuíram nos aspectos sociais e econômicos com seu trabalho. Visitamos as estruturas portuárias da época, criadas pela engenharia disponível, mas que até hoje se harmonizam com os períodos sazonais da cheia e da vazante do grande Rio Negro[53]; conhecemos os grandes prédios comerciais que hoje estão lamentavelmente depredados, mas que deram suporte ao sistema de aviamento dominante na época; caminhamos pelas grandes avenidas construídas sobre canalizações dos igarapés pelo governo de Eduardo Ribeiro – o governador construtor – cuja audácia fez mudar para sempre a paisagem da-

[52] **Nota da Editora**: Jo 15, 12.

[53] **Nota da Editora**: o nível das águas do Rio Negro oscila em média 10 metros, entre o período de cheia e de vazante. A estrutura portuária, desenhada para acompanhar a oscilação do nível das águas, consiste em um cais fixo ligado a duas plataformas flutuantes. Estas são destinadas ao aporte dos barcos e, consequente, ao embarque e desembarque de passageiros e cargas.

quela região; por fim, encerramos aquela visita, adentrando o grandioso teatro, batizado em homenagem ao nome do Estado, que, por sua vez, honra a memória das índias guerreiras[54] que viviam às margens do colossal Rio Amazonas. Emocionamo-nos assistindo ao espetáculo de um grupo de trabalhadores espirituais da seara artística, que estava preparado para nos presentear com as suas sensibilidades sublimes, apresentando, por intermédio das artes cênicas, da dança e da música, formoso número que exaltava a fraternidade ecumênica e a defesa da floresta. Maravilhados e emocionados, fomos convidados, pelos nossos instrutores, a nos concentrar em prece de agradecimento a Deus, por tamanhas bênçãos recebidas naquela manhã ensolarada, que nos convidava à harmonia com a criação do Pai, incitando-nos à boa vontade e à preparação do muito que ainda precisava ser feito.

Unidos e revigorados, motivados e alegres, seguimos os nossos instrutores rumo à estrutura espiritual que nos serviria de abrigo e de escola, para a execução do estágio de aprendizado que fomos incumbidos de realizar.

---

[54] **Nota da Editora**: avanços recentes em pesquisas sobre o tema possibilitam entrever alguma factibilidade para o relato de Frei Gaspar de Carvajal e Francisco Orellana sobre as amazonas, embora distinguindo-se as dimensões factual (escrito que relata algo que foi visto) e mental (produção que incorpora o imaginário da mentalidade do autor). Se é certo que o imaginário deles (espírito medieval e superexcitação da imaginação causada pelas terras do novo mundo) e interesses influenciaram a descrição do que foi visto, as contribuições dessas pesquisas indicam não ser adequado tratar o conteúdo produzido como simples falsidade. Afinal, tais relatos tornaram-se fontes oficiais; não foram desmentidos pelas testemunhas que chegaram ao final da viagem; ambos continuaram sendo personalidades importantes da época e não há registro de acusação por falsidade. Estudos recentes comprovam que a Amazônia, na época do contato europeu, era densamente habitada ao longo das margens do grande rio; e, por fim, o argumento de que outros viajantes não encontraram as amazonas pode ser atribuído às configurações ecológicas que as cheias e vazantes impõem às margens do Rio Amazonas, especialmente na região onde as amazonas parecem ter sido avistadas.

Casa Bendita

Capítulo V

O período da tarde iniciara com a transformação rápida do clima, quando espessas nuvens se formaram sobre Manaus e forte chuva desabou, dissipando as vibrações nocivas e renovando o ar da cidade, que, àquela hora, já apresentava grande número de transeuntes em intenso tráfego de automóveis. Volumosa quantidade de águas pluviais inundou as ruas da cidade em pouco mais de trinta minutos de precipitação, em fenômeno comum na região amazônica, marcado pelas intermitências das chuvas, principalmente naquele período conhecido como "inverno", popular nome dado à época que se estende aproximadamente do mês de novembro ao mês de maio, caracterizado pela alta frequência de chuvas. As precipitações que ocorrem na Amazônia influenciam diretamente todo o clima na América do Sul, uma vez que o regime das águas interfere na formação das quatro estações nas regiões mais temperadas, o que propicia as boas condições de plantio e criações diversas. Notando o singular fenômeno chuvoso, irmã Sarita se maravilhou, observando com alegria:

– A quantidade de água precipitada é impressionante, fazendo-me lembrar o período das monções na Índia!

– Sim – respondi sorrindo – o dito inverno amazônico pode ser comparado ao período chuvoso das monções indianas, com a diferença de que aqui ele se estende por seis meses ininterruptos, com raros dias de ausências pluviométricas. O fenômeno hidrológico nesta região se caracteriza pela fortíssima evapotranspiração do grande tapete verde amazônico, cujo ciclo, por suas dimensões, é muito rápido. É de tal envergadura a influência destas chuvas para o meio ambiente, que alterações significativas em seu ciclo podem ocasionar mudanças climáticas até nos continentes adjacentes, no regime dos oceanos, o que acaba influenciando o clima no mundo inteiro[55].

– O que teria acontecido se esse ciclo hidrológico não existisse ou o que aconteceria se deixasse de existir? – perguntou Padre Marcelo, interessado.

---

[55] **Nota da Editora**: há, atualmente, inúmeras iniciativas, nacionais e internacionais, que estudam os serviços ambientais prestados pela Floresta Amazônica e seu papel nos ciclos biogeoquímicos do planeta, na busca de compreender a sua relação com a atmosfera e o clima global. É certo que sua importância se revela cada vez mais fundamental para a vida na Terra, assim como a conhecemos. Porém, ainda não há consensos científicos, em todos os aspectos, sobre a medida precisa com que tal importância se expressa em relação aos sistemas climáticos e biológicos no âmbito planetário. Já se sabe, porém, que a manutenção da floresta é o que regula o regime de chuvas locais, que refletem diretamente na precipitação de outras regiões do continente sul-americano, em especial na região sudeste, sul e parte da centro-oeste do Brasil. Há pouco tempo, atribuía-se erroneamente o título de "pulmão do mundo" à Amazônia, mas de fato o oxigênio que é produzido pela floresta também é seguidamente consumido e a fonte desse vital elemento para o globo vem sim das cianofíceas (algas unicelulares encontradas principalmente no ambiente marinho). Mais informações sobre a temática podem ser obtidas no Instituto Nacional de Pesquisas da Amazônia (INPA) e Instituto Nacional de Pesquisas Espaciais (INPE), especialmente no Programa de Grande Escala da Biosfera-Atmosfera na Amazônia.

– Certamente, se não existisse – disse, respondendo – a natureza estaria proporcionando ao homem outras opções de sobrevivência. Todavia, se ele deixasse de existir presentemente, o habitante terrestre vivenciaria período de grandes mudanças climáticas no mundo, em um ajuste natural que traria inúmeras transformações nas paisagens físicas, as quais seriam sentidas principalmente pela aridez continuada e pelo aumento considerável da temperatura do planeta. Os oceanos sentiriam o impacto de forma imediata, quando o aquecimento das águas destruiria os corais e os microorganismos mais sensíveis, que respondem hoje pela quase totalidade da produção de oxigênio provinda dos oceanos. O ar respirável seria cada vez mais rarefeito. Imensas terras, antes produtivas pela abundância das águas das chuvas, tornar-se-iam desérticas, o que influenciaria diretamente na produção de alimentos no mundo. Sem a floresta, a planície amazônica se tornaria em um novo Saara e as suas condições de habitabilidade a impediriam de abrigar o homem, pois as temperaturas locais seriam altíssimas. Milhões de espécies seriam dizimadas e a população do planeta teria que ser diminuída significativamente em relação à atualmente existente, para que a natureza pudesse se recompor, em um lento processo de transformação natural. Compreende agora a importância das ações de preservação deste paraíso para o mundo?

– Sim, compreendo, compreendo! – respondeu o jovem padre, recolhendo-se pensativo enquanto apreciava os últimos minutos da precipitação do início daquela tarde.

Durante os momentos de chuva, caminhamos observando os detalhes dos movimentos da cidade, que agora vivia sob a hegemonia de novo ciclo econômico, não mais propiciado pela exploração da Hevea brasiliensis, mas pela instituição do polo industrial, cuja origem se deu no final dos anos sessenta, do século passado, o qual vem contribuindo significativamente para a economia local e adjacências, principalmente para a preservação da floresta em pé.

Após alguns minutos de observações de pequena monta, deparamo-nos, no plano físico, defronte à grande instituição espírita referida, a cujas fileiras, todos nós, à exceção dos irmãos caravaneiros, estamos vinculados de uma ou de outra forma. Parando à frente de seus portões, irmão Raphael, a quem caberia conduzir os trabalhos de apresentação a partir dali, tomou a palavra para nos orientar:

– A partir deste momento – disse Raphael, com ternura – experimentaremos a integração aos trabalhos que aqui desenvolvemos há mais de setenta anos, em nossa esfera, e há pouco mais de trinta anos no plano físico. Os irmãos caravaneiros conhecerão como nos organizamos e as nossas mecânicas de funcionamento, não como modelos a serem necessariamente copiados, mas como oportunidade de troca de experiências, para posterior fomento da compreensão de sua essência, quando o período do anúncio das verdades espirituais se fizer mais ostensivo no mundo. Observaremos os trabalhos em nossa esfera e também o esforço de nossos irmãos encarnados, que se esmeram em espelhar nossas atividades, o que vem ocorrendo paulatinamente, com harmonia e regularidade. Quando possível, efetuaremos conclusão teórica, com base na prática analisada, de como as atividades aqui desenvolvidas podem contribuir de alguma forma com a nossa região, no campo físico, a exemplo das de assistência espiritual que já vêm sendo adotadas em vários lugares[56]. Enquanto alguns companheiros se dirigirão aos trabalhos a que estão vinculados, permaneceremos juntos, observando nossa organização humilde, em roteiro preestabelecido pelo ministro Samir, para que todos nós saiamos daqui envolvidos pelas vibrações de nossa querida Casa Bendita.

Seguindo os companheiros de jornada, adentramos o *hall* principal do prédio que compõe a estrutura da instituição na esfera física, a qual se encontrava quase vazia, em razão de aquele dia e hora ainda não serem utilizados como oportunidades de trabalho útil pelos irmãos encarnados. Somente algumas pessoas, funcionários formais da casa, desdobravam-se com desvelo nos trabalhos de manutenção

[56] **Nota da Editora**: a passagem refere-se ao uso da obra "Roteiro Sistematizado para estudo do Evangelho Segundo o Espiritismo" na assistência espiritual de jovens, adultos e idosos. Obra que surgiu no início da década de 1980, para atender a necessidade de trabalhadores da FAK por um estudo sistemático de O Evangelho Segundo o Espiritismo. Foram elaborados os roteiros individuais, fornecidos em folhas mimeografadas aos grupos de estudos. Em 1991 os roteiros passaram por uma primeira revisão e ampliação, tendo sido impressos em forma encadernada, com melhor qualidade gráfica. No ano de 1996 foi solicitado o registro da obra na Biblioteca Nacional do Rio de Janeiro. A primeira tiragem gráfica local foi de 2.000 livros, e depois de novas revisões, ganhou uma edição nacional com uma tiragem de 10.000 exemplares, lançada em setembro de 2005 pela Editora Boa Nova, o que ensejou seu uso em outras regiões brasileiras. Presentemente, há registro de seu uso em vários países como Portugal, Espanha, Uruguai, Peru, Equador e outros. Nos países de língua espanhola é usada uma tradução de circulação livre disponibilizada pela Federação Espírita Espanhola. Atualmente, traduções estão sendo providenciadas, a fim de ser ampliada a sua distribuição.

e limpeza, preparando o ambiente para as intensas atividades que ocorreriam no dia seguinte, iniciando pela manhã, com reunião de dirigentes da instituição, e se estendendo até as primeiras horas da noite, com as diversas atividades de assistência intelecto-moral e de tratamentos diversos da alma. Irmã Sarita, que estava demonstrando grande expectativa, não deixou de registrar a sua surpresa:

– Pensei que iríamos encontrar um movimento intenso de trabalho, mas vejo que chegamos em um momento de recesso – falou a freira, procurando observar todos os cantos do ambiente que estávamos.

– De fato – respondeu Raphael, sorrindo – o planejamento do ministro Samir propositadamente previu causar esta reação nos irmãos, para que a visão do porvir se fizesse mais clara aos nossos olhos. Devemos considerar, querida irmã, que os trabalhos desta abençoada instituição do plano físico ainda representam as primeiras experimentações de organização, ao longo dos primeiros milésimos de segundos que se passaram no registro temporal de sua missão na crosta. Neste curtíssimo período de tempo, esta instituição atravessou muitas dificuldades, inclusive quanto à sua concepção inicial, pois que seus vanguardistas, com extremo sentimento de ideal, mas ainda arraigados aos convencionalismos, interpretaram erroneamente a sua missão.

Com a movimentação de tropas promovida pelo regime militar no Brasil, abnegados trabalhadores chegaram a esta cidade trazendo seus ideais espíritas, adquiridos em outras regiões do país, e se esforçaram herculeamente para a conclusão do então Hospital Allan Kardec[57], cujo propósito inicial seria o atendimento convencional benemerente no campo da medicina, embasado pelos princípios do Espiritismo. Não sendo estas as intenções de nosso plano – que engendrava o estabelecimento de um hospital sim, mas um hospital-escola para o tratamento, fundamentalmente, da alma, no aprimoramento intelecto-moral, no estímulo ao conhecimento de si mesmo, no fortalecimento do sentimento de autoamor, do amor pelo próximo e da vivência do bem, por meio do Evangelho do Cristo e dos princípios espíritas – a rota das intenções mais imediatistas dos irmãos encarnados foi carinhosamente desviada por nós. Isto, num primeiro momento, parecia um retrocesso, mas, em verdade, era o passo atrás em preparação para a forte caminhada que se seguiria.

Olhando para o interior da pequena recepção, irmão Raphael completou a sua resposta:

---

[57] **Nota da Editora**: em 28 de agosto de 1950 foi sancionada a lei que efetivou a doação de um terreno da Prefeitura de Manaus para a Federação Espírita Amazonense (FEA), no qual seria construído o Hospital Allan Kardec (HAK). Pelas intensas dificuldades enfrentadas na construção do HAK, a FEA decidiu criar uma entidade jurídica independente, que se responsabilizasse não só pela construção, mas também pela gestão do Hospital. Assim sendo, em 21 de outubro de 1979, nascia a Fundação Allan Kardec (FAK). Mesmo com dedicação fervorosa ao compromisso assumido, a FAK continuou com dificuldades de grande monta para construir o Hospital, que nunca funcionou de acordo com o porte idealizado, mantendo apenas atendimentos médicos e odontológicos em nível ambulatorial. Ao mesmo tempo, suas atividades voltadas para assistência espiritual se desenvolviam cada vez mais, com metodologias específicas voltadas para a causa dos problemas obsessivos, de tal forma que, em 1988, a instituição já estava convencida de que seu papel principal estava ligado a esta problemática. Isto posto, a FAK tomou a difícil decisão de desativar o Hospital, mesmo a contragosto dos espiritistas de vanguarda, e dedicar-se inteiramente aos cuidados relativos ao espírito imortal, por entender que este era seu real compromisso com a sociedade manauara.

– Após inúmeras tentativas de harmonização e o travamento de muitos "duelos" de egos e de exacerbadas demonstrações de apego orgulhoso a cargos ou funções, hoje podemos dizer que no plano físico nossos irmãos iniciam uma jornada com alinhamento de pensamentos com a nossa esfera de ação, que trabalha presentemente com maior ressonância provinda dos irmãos encarnados, cada vez mais sintonizados com as diretrizes da Colônia do Amor. Com tantas dificuldades criadas pelo exercício abençoado do livre-arbítrio, é natural que ainda não dispuséssemos de uma quantidade de trabalhadores suficiente para a ocupação dos espaços e horários ociosos, ocupação essa que somente é realizada na medida da disponibilidade ou da decisão de disponibilidade dos companheiros na carne. Neste momento, como podemos observar, nenhuma atividade fim é executada, porém, de qualquer forma, os valorosos e poucos trabalhadores da manutenção e da limpeza labutam alegremente em suas funções. Em todo caso, convido-os a me acompanharem até o formoso jardim que está em projeto de construção, para lhes apresentar a nossa casa com mais propriedade.

Irmão Raphael nos conduziu por entre os corredores, encaminhando-nos até a área destinada à implantação de um jardim em homenagem às espécies amazônicas. Daquele ponto, podíamos visualizar as linhas simples da estrutura predial, que claramente foi sendo adequada ao longo do tempo, para o atendimento das necessidades de expansão. Nosso instrutor pediu que unΐssemos os pensamentos em uma prece por aquela casa e por aquele ideal, o que fizemos, enquanto Raphael orava com sentimento, nestes termos:

– Senhor Jesus! A lembrança dos primeiros momentos de nossa caminhada nesta região é, para nós, de significativa emoção! Estivemos, por certo, Senhor, muito tempo distantes de Ti. Quando Te vimos pela primeira vez, em a mais importante oportunidade de redenção que Deus nos ofereceu, olhamos para Ti com desprezo e orgulho, não obstante Tu já endereçares para nós terno olhar de convite ao bem e sublime sorriso de convocação ao amor, naqueles dias imorredouros da Galileia. Entretanto, preferimos Te escarnear, comemorando a tua aparente derrota na cruz. Quando nos chamaste, logo adiante, aceitamos nos enfileirar às tuas lutas, mas Te renegamos em seguida, abjurando a nossa fidelidade à tua obra e ao teu nome, para fugir das feras dos circos. Em novo convite de redenção, novamente ombreamos com os companheiros da lide, entregando-nos às estruturas da tua igreja nascente, mas os títulos da autoridade de que nos revestimos cegaram nossos espíritos e novamente adiamos a marcha segura Contigo! Ainda outras vezes cambaleamos ao teu lado, Senhor, pela nossa inferioridade, até que Tu nos apresentaste esta região, paraíso da obra de Deus, à qual instantaneamente nos imantamos por meio do nosso mais puro amor; e sob tuas ordens divinas, estagiamos inúmeras vezes para defender os homens nativos, espalhar o teu Evangelho, bradar por justiça, exemplificar a ação preservacionista e incentivar o trabalho no bem. Nunca mais nos desvinculamos destas plagas, Senhor, porque é impossível afastarmo-nos dela quando a ela nos integramos, quando convivemos com os seus habitantes simples, quando recebemos a energia de sua natureza, em prova de amor, e quando compreendemos que, sem ela, a vida na escola física ser-nos-ia quase impossível! É por isso que estamos neste momento aqui, Mestre de toda sabedoria, ávidos por fazer mais, para que o pouco que já conseguimos realizar sob o teu comando repare o muito que deixamos de fazer quando não Te compreendíamos. Com essa disposição ao trabalho é que pedimos as tuas sempre presentes bênçãos, oh, Jesus, para esta bendita casa e para nós outros, a fim de que nos fortaleçamos em nossos propósitos de paz, de aprendizado constante e de integração ao teu grande plano de regeneração do planeta, quando Te rogamos nos deixar colaborar com a migalha de nossas possibilidades, que, não obstante ínfimas diante dos teus recursos, ser-nos-ão o veículo com que conduziremos o nosso espírito, para que tenhamos a honra de estar Contigo no reino dos céus. Sê conosco, Jesus, amplia as nossas possibilidades de colaboração, na medida do nosso esforço, amparando-nos agora e para todo o sempre!

Víamos cair, do mais alto, intensas luzes de bênçãos sobre nós, que nos revigoraram o espírito, enchendo-nos de emoção. Ao final da prece emocionada do irmão Raphael, singular fenômeno ocorreu, quando vimo-nos como que transportados à estrutura espiritual, que ladeava em outra dimensão com o plano físico. Logo a casa de linhas simples e de improvisada adaptação tomou outros contornos e tamanho, cujo alcance estimo em aproximadamente dez vezes mais a que vimos na esfera física. O jardim ao nosso redor tomou forma e grandes árvores surgiram, como se refletisse o ambiente que primitivamente ali existia, antes da impensada derrubada que aquela região sofreu, para a construção da edificação. Impressionando os olhares de nossos irmãos caravaneiros, já que nós outros estávamos acostumados com aquela estrutura, dezenas de milhares de trabalhadores e assistidos apareceram sob nossas vistas, em movimento frenético de intensas atividades de toda monta, alterando completamente a visão inicial que encontramos na chegada.

– Santo Deus! – exclamou o jovem padre Marcelo, em sua língua nativa.

– Que maravilha, Senhor! – bradou, por sua vez, o emocionado pastor Carl, evidenciando lágrimas nos olhos.

– Deus seja louvado! – orou irmã Sarita, abraçando-me com carinho e em lágrimas – Porventura haverá perdão para a minha falta de visão espiritual que, em nossa entrada, represou estes meus sentimentos?

Retribuindo o carinho, abracei-a com a pretensão de consolá-la, falando-lhe em seguida:

– Minha irmã, é claro que já possuis a visão espiritual própria dos que, com esforço e abnegação, são fiéis servidores do Cristo. Como disse o nosso nobre irmão Raphael, isso faz parte do planejamento de nossos mentores, para que tenhamos noção exata do que ainda pode ser dedicado em horas de trabalho, entrega e amor no plano físico. Essa é a verdadeira realidade da dimensão do trabalho que se iniciou há algumas décadas em nossa região, como pudemos observar nos primeiros momentos deste estágio de amor.

Assim, aproveitemos a emoção inicial, sempre agradecidos a Jesus, que é o único detentor de todos os méritos do que vemos, pelo pouco que conseguimos com Ele colaborar.

Concentrando-nos na observação da paisagem espiritual, uma grande estrutura em formato de "U" se erigia às alturas, com varandas voltadas para o grande jardim. Alguns veículos utilizados para o transporte dos espíritos debilitados ou que são resgatados em estados lastimáveis estavam organizadamente estacionados, enquanto um ou outro, vez em quando, volitava, entrando ou saindo da instituição. Acompanhando o tom das áreas externas, internamente a cor verde predominava, seja nas paredes, em suaves colorações, seja pela presença de inúmeros outros jardins menores, que funcionavam como verdadeiras ilhas de aprazível beleza, ao redor das quais percebíamos os irmãos trabalhadores ou assistidos em conversas diversas. Os andares inferiores pareciam ter contornos de estrutura hospitalar, pelo intenso vai e vem de maqueiros ou padioleiros, ditando o ritmo de entrada e saída dos veículos utilizados à guisa de ambulâncias. Nos andares mais acima, percebíamos claramente a diferença dos ambientes, pois se apresentavam em formato de escola e de áreas reservadas à pesquisa e às reuniões específicas.

Adjacente à estrutura em "U", uma outra em formato de "I" se erguia com grandes paredes translúcidas, que pareciam mudar de coloração de acordo com a intensidade da luz provinda do sol, causando-nos agradável sensação visual, como se estivéssemos diante de formoso e suave arco-íris. Nesse ambiente, notávamos a presença de muitos trabalhadores de jovem aparência, de crianças e de instrutores desvelados em cuidá-los. Em uma de suas extremidades, uma estrutura mais baixa se apresentava, com arquitetura que me fazia lembrar as antigas arenas romanas, porém com modernos contornos, a qual claramente percebíamos tratar-se de grande auditório-teatro.

Após alguns minutos de contemplação silenciosa, propositadamente franqueada por nosso instrutor, os irmãos caravaneiros tiveram a oportunidade de indagar o que desejassem a respeito daquilo o que ali presenciávamos. O pastor Carl, sem deixar esconder a emotividade, perguntou:

– Caro irmão, a grandeza da estrutura que ora vemos é absolutamente impressionante quando consideramos que ela está fixada na crosta, mas não resta dúvida quanto à sua importância para esta região no campo espiritual. Entretanto, não podemos deixar de comparar as conquistas aqui comprovadas com a realização do plano físico. Por qual motivo isso se sucede? O lapso evolutivo é assim tão grande?

Irmão Raphael, compreendendo a natural observação, juntou uma das flores que estava caída em nosso jardim e, olhando em direção ao firmamento, respondeu:

– Em nenhum dos planos, amigo Carl, a natureza efetua escalada milagrosa, derrogando as leis de Deus, que exigem esforço, trabalho e amor. Quando o Consolador se estabeleceu definitivamente neste aglomerado urbano, as ordens do Cristo foram de que os engenheiros e arquitetos celestes construíssem esta estrutura em nossa esfera, para receber inicialmente parte dos irmãos desorientados que seriam deslocados do Velho Mundo para cá, após as terríveis convulsões causadas pela Grande Guerra. A estrutura foi se ampliando, de hospital para também escola, sendo referência de apoio às demais estruturas da região amazônica, com a realização de inúmeras conferências, a título de treinamentos, troca de experiências ou mesmo de confraternização. O crescimento em nossa esfera é sempre mais rápido, porque vivemos continuamente a missão de manter e ampliar as iniciativas desta casa, com o aproveitamento dos recursos que Jesus nunca nos deixa faltar[58]. Por isso a diferença observada entre o aqui existente, que pode ser considerado pelos irmãos encarnados como o "planejado", e o efetivamente construído no plano físico, que, por sua vez, reflete o realmente "executado". Assim como esta pequena flor é fruto de uma maravilhosa engenharia de Deus, com os tempos certos de germinação, crescimento e produção, o espelho que vemos no plano físico também está na fase inicial do processo de crescimento, o que acontecerá na medida das realizações possibilitadas pelas decisões dos irmãos encarnados. Apesar dessa lacuna entre uma e outra fase, de maneira alguma nos desanimamos, pois que as dificuldades vivenciadas pelos irmãos na esfera física são sempre abençoadas oportunidades de aprendizado, sempre monitoradas por nós, para que os rumos superiores não sejam

---

[58] **Nota da Editora**: O Livro dos Espíritos, parte II, cap. 10, questão 558.

desviados. Além disso, há de se considerar que, em relação ao acolhimento dos desencarnados, o verdadeiro trabalho de amparo, estudo, tratamento e evangelização são realizados aqui, em nossa dimensão, sendo a colaboração valiosa dos irmãos encarnados no apoio anímico inicial, quando recolhemos os milhares de necessitados que batem à nossa porta.

– Então esta estrutura poderia existir sem que houvesse a necessidade de sua existência no plano físico? – perguntou Sarita, com interesse:

– Sim – respondeu Raphael – Porventura ela já não existia anos antes da primeira pedra fundamental ser fixada no plano físico? Embora o planejamento divino inclua a instalação de tais estruturas de apoio, o fator livre-arbítrio é sempre considerado como bênção maior, dele dependendo a indexação do prazo de implantação dessas "estruturas-espelho" na crosta. Devemos considerar, ademais, que o ensinamento cristão se revela no sentimento de amor por excelência, o qual prescinde de qualquer estrutura física para se espalhar. Acaso vimos o Cristo construindo igrejas ou templos, escolas ou outras instituições? Porventura recomendou isso a seus discípulos? De maneira única no mundo, Jesus nos exemplificou o *modus operandi* ideal de fixação da verdade, não por intermédio do crescimento ou da multiplicação das estruturas, mas pela intensidade do amor que une aqueles que a elas se vinculam. Este sim é que deve ser o verdadeiro foco a que as ações do bem precisam ser dirigidas. É por isso que vimos insistindo permanentemente com nossos irmãos no plano físico, sobre a necessidade da confluência dos sentimentos, da união de afetos, da eliminação do orgulho que separa e do egoísmo que diferencia.

– Entendo que, de fato, o amor é sempre o nosso objetivo maior de renovação com Jesus. – disse o jovem padre italiano – Todavia, pelo que vimos nas orientações iniciais obtidas na Colônia do Amor, o plano físico terá que acelerar o passo para receber as demandas cada vez mais crescentes. De que forma isso está sendo trabalhado dentro do planejamento divino?

Com a permissão de Raphael, respondi:

– A vivência do milênio do espírito será maravilhosa experiência para aqueles que dela se fizerem merecedores. Há de se considerar que as ações serão paulatinas, mesmo a despeito de realmente estarem em processo de aceleração. Quando as verdades imortais do Consolador forem evidenciadas pelo homem, por intermédio da comprovação inequívoca da ciência tradicional, espera-se a união dos esforços de toda ordem, para que as instituições que trabalham em prol da alma cresçam e atendam às demandas vindouras. Os recursos disponíveis e atualmente utilizados para a sustentação da vaidade e do egoísmo do homem serão canalizados para o bem, tendo em vista que não haverá mais motivos que impedirão a Humanidade de compreender a realidade existencial do mundo. Rapidamente surgirão espíritos valorosos, mecenas do Cristo, que envidarão todos os esforços de viabilização do crescimento das instituições sérias e de organizações nobres que, como esta, espalham o amor de Jesus no plano físico. Se o próprio Cristo previu estes acontecimentos, é porque Ele já preparou o terreno que proporcionará a fixação dos tempos de regeneração em nosso planeta, cabendo a nós continuarmos decididos pelo bem, trabalhando e perseverando, a fim de merecermos estar ao lado dos que honram a vontade de Deus.

– Além disso – completou Raphael, encaminhando o olhar para os muros altos que protegiam o local de ataques de toda ordem – mesmo a despeito da comiseração que o Senhor nos concede, facultando-nos a autoria de nossas escolhas, os tempos anunciados já estão em curso e a onda de renovação começa a se formar, para aniquilar todos os empecilhos criados à obra de Jesus e para fortalecer aqueles que se preparam e colaboram com ela. Esse interregno entre as estruturas daqui e as da dimensão física será, dentro do possível, cada vez mais, diminuído, pois a consciência da necessidade de esforço e abnegação crescentes se espalha entre os encarnados. No interior deste quadrilátero o amor é exercitado continuamente em nosso plano e, um dia, assim também se fará no plano físico. Por ora, caminhemos um pouco mais para observarmos as peculiaridades de nossa Casa.

Raphael nos levou a observar a grande estrutura que ficava ao lado do jardim onde nos encontrávamos, cujas linhas também se erguiam ao alto, porém com tamanho reduzido em relação às demais estruturas. Dentro dela observamos intensa movimentação de trabalhadores, que se desvelavam no atendimento a espíritos em lamentáveis condições, muitos deles parecendo prisioneiros recém-saídos do cárcere e do domínio de verdugos cruéis. Porque a diferença na psicosfera daqueles atendidos era notável, Raphael tratou de elucidar:

– Não entraremos nos detalhes deste atendimento por enquanto, mas a visão é valiosa para mostrar que esta casa é abençoada referência no resgate de espíritos que ainda perambulam perdidos nesta região, presos à própria consciência, e que, aos milhares, batem à nossa porta, rogando ajuda espontaneamente. Muitos fazem parte do grupo que, de alguma sorte, possui imensos débitos com a região, seja pelas atrocidades cometidas com seu povo, mormente os indígenas de ontem, seja pela agressão à natureza que lhes cobra contas de arrependimento. Muitos são os alienados mentais, que primeiro experimentarão o tratamento pelo choque anímico, para depois poderem ser levados até as adjacências de nosso Posto do Amor, a fim de serem resgatados.

– Não estaria no concurso do choque anímico a grande colaboração dos encarnados, que justifica a existência desta instituição na crosta? – perguntou Marisa.

– Como falei anteriormente – respondeu Raphael – a obra do Cristo prescinde da boa vontade dos encarnados. Em verdade, a oportunidade de trabalho que experimentam é concessão do mais alto, a fim de que possam acelerar a marcha de sua evolução. O choque anímico, cuja execução conta com apoio dos encarnados, é tratamento terapêutico que visa à aceleração do processo de tomada de consciência do espírito após o trânsito do fenômeno da morte física.

Porém, tal tratamento, por si só, não justifica tamanha instituição, que existe como instrumento abençoado de libertação dos irmãos que a ela se vinculam, não somente para ajudar os outros, mas, fundamentalmente, para a melhoria de si mesmos.

– Irmão – disse Carl, com interesse – é a segunda vez que ouvimos a expressão "choque anímico" e igualmente nos sentimos movidos pela curiosidade...

– Sim, meu caro irmão – completou Raphael – neste estágio iremos verificar a ocorrência desse concurso, para o qual utilizamos a colaboração dos irmãos encarnados. Mas antes, completemos a nossa atividade de reconhecimento inicial de nossa Casa.

Fomos então levados a percorrer os interiores da grande estrutura espiritual, sem, no entanto, atermo-nos aos pormenores das atividades que ocorriam intensamente, o que seria realizado em etapas posteriores. Caminhamos pelos grandes corredores, observando todo tipo de ação no bem, tanto na característica do atendimento médico, quanto nos labores voltados à instrução e à preparação de novos trabalhadores. Percebíamos que, à medida que subíamos um andar do prédio, as atividades deixavam de possuir caráter operacional para tomarem a forma de ação de estudo ou de pesquisas de pequena monta, mais voltadas ao intercâmbio com a Colônia do Amor. Ao chegarmos ao último pavimento, que pode ser comparado ao décimo andar de um prédio convencional da esfera física, irmão Raphael nos fez adentrar em pequena sala de estudo, onde alguns irmãos nos aguardavam para nos apresentar um curto histórico da instituição, por intermédio da projeção de imagens. Após as apresentações fraternas, posicionamo-nos e começamos a assistir a uma espécie de documentário que resgatava todas as ações que foram geradas pelos emissários do Cristo, quando determinou que esta base de amor fosse instalada no coração da Amazônia.

Emocionamo-nos ao ver o encadeamento das ações, a mobilização espiritual, os projetos elaborados e executados pelos arquitetos e engenheiros do Senhor, o evento de inauguração e a chegada dos primeiros assistidos da Casa, muitos deles presentemente encarnados em missão de continuidade da obra no plano físico. Verificamos a relação da instituição com a região, o laço inquebrantável que a une aos ideais de preservação e defesa dos recursos naturais amazônicos, sua missão evangélica e sua influência, tanto nas adjacências, quanto pelo mundo afora. Ao final, foram mostradas as cenas dos primeiros movimentos no plano físico, evidenciando as dificuldades iniciais, os acertos e os atropelos dos irmãos encarnados, a lenta obra de construção e ampliação, os ajustes de organização, até chegar ao estágio atual das atividades ali desenvolvidas com boa vontade pelos companheiros encarnados. À guisa de encerramento do vídeo-documentário, a palavra amiga e incentivadora do ministro Samir nos levou às lágrimas, quando implorou a nossa dedicação ao bem com Jesus, face ao início da Era Nova que já estava em curso.

Terminamos aquela tarde sendo convidados a nos posicionarmos no grande mirante que também ficava no último pavimento, para contemplarmos um pouco o formoso pôr do sol amazônico, que misturava infinitas cores da grande estrela ao verde da floresta e ao azul celeste, formando a linda paisagem que diariamente nos convida à prece, em agradecimento à imensa bondade de Deus.

Dirigentes

Capítulo VI

Após as emoções da contemplação do belíssimo espetáculo natural proporcionado pelo pôr do sol amazônico, Raphael falou ao nosso reduzido grupo, agora contando somente com nós outros, o instrutor, os caravaneiros e Mário Jorge, tendo em vista que os demais companheiros integraram-se às atividades às quais eram vinculados no dia a dia da grande estrutura espiritual. Depois de algumas horas de livre programação relativa à caravana, em que os irmãos puderam caminhar livremente pelos ambientes, conversar com trabalhadores e auferir conhecimentos sobre aspectos operacionais de uma ou de outra atividade, no horário aprazado, que circulava em torno das vinte e três horas do relógio da crosta, reunimo-nos novamente para a primeira atividade de intercâmbio programada, cujos detalhes o irmão Raphael passou a nos informar:

– A partir de agora e ao longo de uma semana, tentaremos lhes informar os detalhes significativos do funcionamento desta nossa estrutura abençoada, e iniciaremos com os trabalhos práticos de observação. Abordaremos tanto as atividades aqui desenvolvidas, quanto o seu reflexo no plano físico, para que o aprendizado seja completo. Com raras exceções, a qualquer momento os irmãos poderão realizar os questionamentos que desejarem, tendo em vista o caráter de aprendizado desta nossa missão. Analisaremos a nossa organização no campo estratégico, com a participação dos irmãos dirigentes, tanto desta nossa esfera, quanto da esfera física.

Após os pequenos prolegômenos, Raphael nos apresentou, em gráfico, a estrutura organizacional que mantém funcionando a casa no plano espiritual, cujo tamanho impressionou os irmãos caravaneiros:

– Não imaginava – disse Carl, com semblante sério – que também aqui necessitássemos desses modelos de gestão vigentes no plano físico. Haverá diferenças entre o que nos apresentas e o que é lá desenvolvido?

– Do ponto de vista estritamente técnico – respondeu Raphael – a diferença é quase nenhuma, pois que as formas da boa gestão que hoje o mundo conhece já estão quase se aproximando de nossos modelos, quando incluem o homem como principal recurso a ser trabalhado, para que se atinjam os objetivos e metas pretendidos. Do ponto de vista prático, todavia, há ainda grandes caminhos a serem percorridos pelos encarnados, que ainda não conseguiram permear, com abundância, o modelo organizacional adquirido daqui, com base no amor ensinado pelo Cristo, o que ainda causa dificuldades de relacionamentos, discussões estéreis e frenagem do ritmo de avanço, que sempre pode ser mais acelerado, caso haja boa vontade.

– Mas os atuais dirigentes do plano físico não são trabalhadores vinculados a esta casa? – perguntou Sarita – Não estariam eles mais acostumados ao modo como aqui se trabalha?

– Sim, em tese. – disse Raphael, resoluto – Todavia, todos sabemos que, quando mergulhamos para as lides reencarnatórias, normalmente o personalismo vem à tona com grande facilidade e intensidade. Nossas imperfeições são mais perceptíveis e comumente temos de ser lembrados dos compromissos assumidos. O fato de sermos trabalhadores de nossa Casa Bendita não nos exime de lutarmos conosco mesmos, na busca por melhorias espirituais necessárias, uma vez que ainda estamos ligados ao passado de grandes erros e equívocos. Mesmo assim, a misericórdia de Jesus tem nos abençoado sempre e, pouco a pouco, estamos vencendo as dificuldades, de sorte que as nossas diretrizes se fazem cada vez mais presentes nas atividades de nossos irmãos.

– De que forma estão conseguindo transpor as barreiras, face ao livre-arbítrio dos encarnados? – perguntou padre Marcelo – Para nós, em nossos círculos de trabalho religioso, isto parece ser o grande desafio do porvir.

– Sem dúvida alguma o respeito ao livre-arbítrio é sagrado para nós – afirmou Raphael. – Todavia, as ordens superiores são de aceleração, e a nossa intervenção deverá ser cada vez mais ostensiva, não para mudar milagrosamente o comportamento de um ou de outro dirigente, mas para atuarmos como o ceifeiro que deve separar o joio do trigo e juntar em molhos para ser queimado. O livre-arbítrio é respeitado enquanto decisão individual, mas sempre atuamos para impedir que os objetivos coletivos sejam comprometidos por um ou outro comportamento em dissonância com o todo. Para tanto, envidamos os esforços mais fraternais que podemos empreender para afastar aqueles que recalcitram e desejam perder as oportunidades abençoadas, e quiçá derradeiras, de caminharem com o Cristo neste orbe. Inúmeras ações neste sentido são realizadas com regularidade, para que mais frequentemente estejamos sendo percebidos pelos irmãos na crosta, que, em um paradoxo, apesar de profundos conhecedores das verdades espirituais, muitas vezes agem como se não considerassem o nosso concurso, como se estivessem à frente de uma organização qualquer do mundo. Na relação com os irmãos dirigentes encarnados, esta tem sido a nossa prioridade: fomentar a necessidade de aproximação com o nosso modelo de gestão, que é baseado exclusivamente no sentimento de amor ao próximo, única diretriz segura de todos os tempos e que haverá de ser implantada e vivenciada, para que o mundo, nas duas esferas, experimente as bênçãos da regeneração.

– E quais seriam essas inúmeras ações? – indagou Carl – Haverá, porventura, meios de dissuadir os encarnados mais ostensivamente?

– Dissuadir não, conscientizar sim. – disse Raphael – Na obra do Cristo nada se faz por imposição ou por caminhos que não sejam da vontade da consciência. Devemos observar, porém, que todos os dirigentes que assumem uma cadeira no plano físico estão intimamente ligados aos compromissos de nossa esfera, recebem todo o apoio possível de ser oferecido por nós e comumente são convidados a estar conosco no planejamento das ações. Importa saber, entretanto, quantos aceitam o convite e comparecem de bom grado. Daqui a pouco observaremos isso com mais precisão, em nossa reunião quinzenal de dirigentes. Por ora, afirmamos que as ações de estímulo ao intercâmbio conosco estão sendo implantadas, mesmo a despeito da reprovação de um ou de outro que ainda não compreende que somos uma mesma família de espíritos falidos, a implorar o serviço no bem como meio de nos acertarmos com a contabilidade de Deus, sob as bênçãos de Jesus.

– Mas a dissonância dos encarnados é assim tão expressiva? – perguntou padre Marcelo.

– Já foi bem maior, irmão, expressivamente maior. – respondeu Raphael, como se buscasse nos refolhos do espírito as palavras adequadas – Muito se tem trabalhado no sentido de que nossos irmãos compreendam o nosso compromisso mútuo e passem a perceber o amor intenso que nos move as ações em relação a eles. No início, os "duelos" de egos, depois as grandes interferências externas, contaminando o proceder doutrinário que quase descambou para os modismos ditos espirituais, mas equivocados, que se espalham no mundo. Há pouco mais de uma década, iniciamos o processo de renovação, primeiro pela conscientização, quando conseguimos resgatar algumas almas que compreenderam a mudança, e depois encaminhando aqueles renitentes a outras atividades, de modo a minimizar o surgimento da discórdia. Hoje, podemos dizer que a navegação ainda enfrenta turbulências, mas o casco da nave está robusto, pela inserção das diretrizes que, aos poucos, vão se estabelecendo, tanto no papel, quanto nas mentes dos trabalhadores.

Por quase trinta minutos ainda ficamos conversando em nosso grupo acerca de um e de outro detalhe do trabalho desenvolvido, quando suave música foi tocada, espalhando-se por intermédio do sistema de som da Casa. Raphael nos indicou que aquela música representava a determinação para nos dirigirmos à reunião com os dirigentes de nossa instituição.

Podíamos ver a movimentação dos trabalhadores em direção ao grande auditório onde eram realizadas as reuniões. Milhares se dirigiram até o local, causando estranheza aos irmãos caravaneiros, que foi expressa pela pergunta de irmã Sarita:

– Todos são dirigentes desta casa?!

– Não, minha irmã, são trabalhadores que, no momento, estão no período de folga de suas atividades. As nossas reuniões de dirigentes são abertas para quem desejar acompanhá-las, apesar de somente aos dirigentes ser facultada a oportunidade de manifestação. O interesse pelo andamento das estratégias de gestão de nossa casa é experimentado por todos os trabalhadores daqui, que sempre estão atentos ao surgimento de alguma oportunidade de ser útil.

– Pelo estágio em que se encontram os encarnados, conforme nos situaste, imagino que este interesse ainda não se repita entre eles – disse Carl, olhando a movimentação.

– Não, amigo, infelizmente não. – disse Raphael, com semblante emotivo – Há muitos trabalhadores encarnados operosos e interessados, preocupados com a instituição e sempre disponíveis ao serviço. A maioria, porém, ainda conta os minutos que passam semanalmente dentro dela, inquietando-se quando as atividades, por um motivo ou outro, se postergam além do horário aprazado. Arvoram-se, estentóricos, como trabalhadores do Cristo, mas ainda não conseguem expressar em sentimentos sinceros essa suposta condição, muito menos transformá-la em ação prática de dedicação. Parecem esquecidos de que são eles que precisam do trabalho e não o contrário. Olvidam que eles também são os pacientes em tratamento e também são os alunos em aprendizado. Como veremos a seguir, a bênção do trabalho quase sempre é relegada ao menor nível das prioridades.

Seguindo o instrutor, que por sua vez acompanhava o ritmo da caminhada dos trabalhadores da casa, adentramos no interior do grande auditório, cuja estrutura propiciava, a todos os presentes, a visão dos trabalhos desenvolvidos, pois que a mesa de reuniões se encontrava no centro, enquanto os assistentes se posicionavam à sua volta. Próximo à mesa diretora ficavam os dirigentes da casa, que podiam ser contados em número aproximado de cem trabalhadores, e se agrupavam conforme as atividades pelas quais eram responsáveis. Todos procuraram seus lugares em silêncio, mantendo o necessário respeito ao momento, sem, no entanto, perderem a alegria que lhes caracterizava os sentimentos do dia a dia. Percebíamos que o irmão Carlos Theodoro Gonçalves possuía elevada cota de responsabilidade na Casa, pois cuidava de pessoalmente receber os dirigentes que se aproximavam, recepcionando-os com efusivas demonstrações de carinho, pelo abraço fraterno. Raphael tomou a sua posição de dirigente, transferindo-me a responsabilidade da orientação aos caravaneiros, quando necessária. Sentamo-nos em lugares um pouco mais distantes do centro, porém tínhamos perfeita visão das movimentações dos dirigentes, desde o ponto em que estávamos.

Em um dos anéis que tangenciavam a mesa, notávamos alguns assentos vazios, parecendo reservados. Em rápida contagem, pude somar o número de quarenta lugares. Captando a estranheza que movia os pensamentos de nossos irmãos, adiantei-me na explicação:

– São os lugares reservados aos irmãos encarnados, dirigentes no plano físico, que geralmente chegam quando já estamos posicionados.

– Por que isso ocorre? – perguntou Sarita – Sempre adentram no recinto quando todos daqui estão aguardando o início da reunião?

– Verás na prática, irmã. – disse, sorrindo – Não tardarão em chegar.

De fato, quando todos nós finalizamos a chegada ao interior do auditório, acomodando-nos convenientemente, no horário regional aproximado de meia-noite, um grupo pequeno de entidades encarnadas adentrou no salão pela entrada lateral, que já ficava situada no mesmo nível da mesa diretora. Podíamos contar facilmente o número dos que compareceram: apenas sete. Nada obstante, quando adentraram, imediatamente todos os presentes no ambiente se colocaram de pé e aplaudiram demoradamente os irmãos recém-chegados, que logo sorriram, balançando a cabeça em sinal de negativa, como se indicassem, em gesto de humildade, não serem merecedores de tal demonstração de carinho. Theodoro apressou-se em recebê-los, um a um, exaltando a enorme alegria que lhe causavam as presenças. Todos os sete dirigentes do plano físico emocionaram-se, até as lágrimas, com tamanhas provas de amor por parte de nossa esfera. Consolados pelo dirigente maior, Carlos Theodoro, enfim tomaram seus lugares, ao mesmo tempo em que os aplausos iam cessando. A emoção expressa pelos irmãos dirigentes no plano físico também nos envolveu a todos, que os acompanhamos nas lágrimas. O pastor Carl, que a tudo observava atento, em seguida indagou:

– Ainda há pouco vimos nosso irmão Raphael observar com tristeza a conduta da maioria dos trabalhadores encarnados. Todavia, a recepção que aqui vemos parece destoar dessa realidade...

– Querido amigo, – respondi sem esconder a emoção que me envolvia – esses que conseguiram estar presentes são os vencedores de si mesmos, heróis que envidaram esforços para dar mais um passo em direção à felicidade. A nossa recepção não é fruto de um procedimento documentado ou de convencionalismo previamente acordado. Os aplausos são sinceras demonstrações de reconhecimento de nossa parte, nós que também conhecemos em profundidade os labirintos que nos envolvem quando estamos mergulhados na vida física. Entendemos perfeitamente os que não obtiveram êxito e não puderam comparecer, mas é nosso dever reconhecer o mérito daqueles que se esforçaram, mantiveram a sintonia conosco e lograram chegar a esta reunião. Não nos esquecemos do que precisa ser melhorado, mas também não olvidamos a oportunidade do estímulo àqueles que lutam bravamente contra as próprias imperfeições.

– Mas e o restante dos dirigentes encarnados? – interessou-se padre Marcelo – Quais os motivos mais frequentes que justificam suas ausências?

– A falta de vigilância, meu amigo, e a falta de vontade sincera. – eu disse, olhando para os que estavam tomando os seus lugares – A maioria é grandemente receptiva às nossas intuições quando estão dentro dos círculos delimitados pelos muros da instituição no plano físico. Alegram-se com o trabalho, estimulam-se uns aos outros, incentivam trabalhadores indecisos ou com dificuldade e se predispõem aos labores com alegria. Mas ainda não conseguem manter a mesma vibração e sintonia longe dos muros da instituição. Entregam-se aos afazeres do cotidiano de tal forma que rapidamente se desvinculam da sintonia com nossa esfera, dificultando o acesso a esta dimensão do trabalho. Além do mais, ficam presos ao vaso físico pela indisciplina da alimentação noturna ou ainda pela frequência a lugares de baixa qualidade vibracional antes do necessário recolhimento. Não há viagem exitosa quando não nos preparamos previamente, adquirindo as passagens e arrumando as malas com o necessário que iremos utilizar. Eis aí o que a maioria não realiza e o motivo pelo qual reconhecemos o mérito dos que aqui se encontram.

Com a movimentação do irmão Theodoro em direção ao lugar reservado aos palestrantes, espécie de púlpito diáfano, todos silenciamos, aguardando o início da reunião. Olhando para um irmão que se encontrava próximo ao seu lado direito, pediu-lhe que lesse a mensagem escolhida para a reflexão do dia, cujo teor imediatamente surgiu à nossa frente, por meio dos telões holográficos que se formaram em vários pontos do auditório. Com a voz terna e a leitura pausada, o irmão assistente leu o trecho de O Evangelho Segundo o Espiritismo, contido no capítulo XVII – Sede Perfeitos, item 4, cujo título é "Os bons espíritas". A leitura nos fez refletir sobre a importância do fazer espírita, que possui a mesma essência do fazer cristão. Fez-nos pensar na qualificação do espírita verdadeiro e sincero, em cujo coração os princípios doutrinários fazem vibrar as fibras tênues do ser, transformando-o moralmente e movendo-o ao trabalho constante de combate às imperfeições e às más tendências. Tocados pela entonação emotiva utilizada pelo assistente, acompanhamos outro irmão, que se posicionou respeitosamente, proferindo sentida prece de louvor a Deus e de agradecimento ao Senhor Jesus, pelas bênçãos da oportunidade do trabalho naquelas regiões abençoadas da Amazônia.

Após os instantes iniciais, Carlos Theodoro tomou a palavra para nos atualizar quanto às últimas providências tomadas pelos mentores da Colônia do Amor – mormente em relação às questões amazônicas constantes da ordem do dia e da pauta espiritual – nas quais nos encontrávamos inseridos fortemente. Em tom de alerta, visando à nossa preparação, falou-nos mais ou menos nestes termos:

– Irmãos em Cristo Jesus, aproximam-se os dias preconizados há muito e amplamente anunciados pelas vozes espirituais em todos os cantos do planeta. A era do "Ave, Cristo" já se iniciou, e o mundo, a partir de então, nunca mais será o mesmo! O primitivismo já não terá espaço em nossas casas, cidades e países. O aceite ao convite agora não é mais opcional, mas um compulsório dever. Não teremos mais as escolhas titubeantes como opções, escolhas que ensejam o atraso da marcha, escolhas retrógradas. A seleção dos trabalhadores e dos habitantes do novo mundo já se iniciou e o Ceifeiro Divino já começou a operar a separação do joio e do trigo. Os molhos começam a ser atados para serem destinados à fogueira de outros campos de luta e de dores, liberando o espaço nas terras férteis do Cristo, para que se produza em abundância e se sacie a fome de amor daqueles que perseveram em seu nome. O mundo verdadeiro, neste momento, e em vários lugares de nosso orbe, mergulha até o plano físico, em variadas missões, no sentido de iniciar o surgimento da Era Nova no seio das nações. Os ajustes que advêm deste período anunciado já se fazem sentir na crosta, pelos efeitos mais intensos da transformação física do planeta azul, pelos processos dolorosos da desencarnação coletiva[59].

Em breve pausa, olhando para o nosso reduzido grupo, Theodoro continuou com seu tom característico:

– Nossa Casa também não ficará indiferente a estes momentos que inauguram o milênio do espírito no orbe, pois a missão que nos foi destinada nos convida a mais trabalho e a mais dedicação além dos muros de nosso lar abençoado. As ordens são para que compartilhemos cada vez mais as nossas experiências pelo mundo, divulgando as diretrizes que tanto nos trazem segurança, que tanto nos unem em o ideal do Cristo. Nosso *modus operandi* será luz a influenciar muitas iniciativas nos dois planos da vida, como roteiro seguro de organização na seara de Jesus e no crescimento sem atropelos. Neste momento, recebemos irmãos queridos de outras plagas e de outras correntes religiosas, que estão em missão de aprendizado ecumênico, pois que o Senhor já determinou que todos nos reunamos em uma só voz, e não será nesta ou naquela convicção dogmática, mas em torno da única doutrina verdadeira e duradoura, que é a doutrina do amor incondicional de uns pelos outros. Neste sentido, recebamos nossos irmãos com deferência e desvelado sentimento, pois que nós outros brevemente ca-

[59] **Nota da Editora**: O Livro dos Espíritos, parte III, cap. 6, questão 738b.

minharemos também em suas plagas, retribuindo a visita amorosa, quando nos dirigiremos de volta ao Velho Mundo em missão com nossos irmãos encarnados.

Em novo interregno na fala, nosso dirigente mirou os irmãos encarnados, e prosseguiu, alterando o tom, com sentida emoção:

– A estes irmãos valorosos, a quem tanto amamos, e cujas lutas que enfrentam tanto nos emocionam – sejam as provas de abnegação e de renúncia; a batalha constante contra sua própria psique; a sua própria construção mental, característico desafio de evolução em qualquer esfera da vida, mas principalmente quando mergulhamos no vaso físico – a eles nos dirigimos mais diretamente e com profundo respeito. Experimentareis, amados servidores, dias de renovação necessária, dias de intensas atividades iluminativas, fermentadas por enxurrada torrentosa de informações. Estas, muitas vezes, confundir-vos-ão os pensamentos, tamanha a surpresa advinda das inovações que suscitarão nas vossas rotinas de trabalho. Não vos inquieteis, todavia, porque estaremos todos nós, daqui, operando cada vez mais ostensivamente, direta ou indiretamente, estimulando-vos ao trabalho, à implementação das mudanças para melhor, direcionando o alvo de acordo com a diretriz maior do amor. As oportunidades de trabalho se multiplicarão em matizes de ilimitadas possibilidades, o que devereis considerar como bênção da misericórdia divina.

Theodoro revestia-se de intensa luz azulada, cuja irradiação aumentava à medida em que a emoção tomava a sua fala. Perpassando o olhar pelo grupo de dirigentes liderados pelo irmão Raphael, continuou a orientação aos irmãos encarnados:

– Nossa instituição de amor, sob vossas conduções no plano físico, nas quais confiamos plenamente, iniciará nova fase iluminativa. Deveremos estar juntos, na visita ao Velho Mundo, para tratarmos de compromissos intensos do Consolador, mas principalmente para que vos motiveis e sensibilizeis, na comprovação prática da imensa importância de nossos trabalhos como fator de influência salutar nas lides espíritas no mundo[60]. Retornareis à pátria antiga, palco de muitos erros do passado distante, molas propulsoras que nos arremessaram até o país do cruzeiro, como rota inicial de degredo, mas que se transformou em luz abençoada de regeneração de nossas vidas. Nas plagas de outrora, percebereis que daqui se espraia luz bendita para o mundo, e que imensas possibilidades de ampliação dessas luzes se vos abrirão. Importa dizer que novos focos de produção literária e doutrinária surgirão no país, tendo sido nossa instituição

---

[60] **Nota da Editora**: referência à viagem feita por uma caravana da Fundação Allan Kardec (FAK), com 68 integrantes, para o 6º Congresso Espírita Mundial, realizado em Valência, na Espanha, de 10 a 12 de outubro de 2010. Na ocasião, foram visitadas cidades portuguesas e espanholas que são famosas, na história mundial, pelos eventos de implantação do Cristianismo e pelos fatos que marcaram a descoberta e colonização do continente americano; assim como, foram realizados encontros com antigos trabalhadores da FAK residentes na Europa e com dirigentes da Federação Espírita Espanhola, os quais aproveitaram a oportunidade para agradecer os benefícios que a obra da FAK, Roteiro Sistematizado para estudo do Evangelho Segundo o Espiritismo, tem proporcionado às suas atividades. Na oportunidade, ainda, houve convite para a realização de palestras em Casas Espíritas de Portugal. Esses fatos permitiram constatar o alcance e o significado dos trabalhos realizados pela FAK.

escolhida como um deles, e, nesse sentido, há para estas terras um planejamento de aumento de intercâmbio mediúnico que as transformarão em um desses polos, em gradativa complementação ao que tem sido feito pelos valorosos trabalhadores dessa seara. Precisareis, portanto, estardes atentos às novas iniciativas das mudanças necessárias, para absorverdes todas as matrizes que aqui se encontram prontas para serem recebidas por vós.

Olhando agora em direção à mesa central, Theodoro encerrou sua fala, exortando-nos de forma geral:

– Benditos trabalhadores do Cristo, iniciemos a nossa reunião, de acordo com a pauta estabelecida!

A partir de então vimos grande movimentação dos dirigentes, que abordaram diversos temas relativos à organização das atividades, às dificuldades encontradas, às experiências bem-sucedidas e aos planos de futuro. Ordeiramente, os dirigentes que desejavam se manifestar o faziam com extremo carinho, e com grande respeito às atividades de outrem, sobretudo quando de alguma forma elas possuíam pontos comuns com as suas. Ao contrário do que vemos em muitas reuniões do plano físico, todos se interessavam pela atividade de seus pares, como se por ela fossem responsáveis, alegrando-se pelos êxitos obtidos e compartilhando os sentimentos de estímulo quando determinadas ações se mostravam infrutíferas. Por mais de duas horas vimos o desfile de pleitos diversos, de discussões variadas e de interessantes abordagens. Notávamos que, não obstante apenas participar como ouvinte, toda a imensa plateia silenciava respeitosamente durante a reunião, mantendo profunda concentração aos temas estudados, atentos que eram à mínima oportunidade de colaboração. Captando o pensamento dos irmãos caravaneiros, que estavam surpresos com o comportamento dos milhares de assistentes, tratei de explicar:

– Nossos dirigentes há muito tempo decidiram abrir as reuniões ordinárias àqueles que desejassem ordeiramente assisti-las. No início foi preciso ajustar a disciplina, mas depois a harmonia se fez, como podem notar. A estratégia aqui não somente visa ao compartilhamento das ações, mas também funciona como valiosa ferramenta de formação de trabalhadores.

– Mas como de formação, se aqui apenas observam? – interrompeu padre Marcelo.

– Como disse, há muito tempo essa decisão foi tomada, como experimentação para que os trabalhadores se aproximassem não apenas das decisões acordadas, mas também de todo o contexto no qual elas foram aprovadas. Antes, as resistências às mudanças eram mais intensas, pois que, não compreendendo ou não participando da construção do contexto que as ensejaram, uma parte dos trabalhadores demorava a aceitá-las no íntimo, criando teias mentais muitas vezes sequer percebidas por eles mesmos, mas que geravam forças contrárias retardadoras da marcha. Participando das reuniões, mesmo sem voz, podem, imediatamente após, procurar seus dirigentes e emitir opiniões, sugestões ou mesmo manifestar apoio às iniciativas que se estão construindo. Além de ser excelente laboratório de formação de novos dirigentes, muitos saem daqui já dispostos a se enfileirarem nas novas atividades propostas, ou a se dedicarem àquelas que se apresentam em dificuldades momentâneas. Invariavelmente, sempre que se encerra uma reunião como esta, aparecem voluntários ao envolvimento com uma ou outra atividade que aqui foi abordada.

– Não imaginava que aqui também esses tipos de dificuldades ocorressem – disse Sarita, intimamente.

– Não devemos olvidar – respondi, captando a observação da nobre irmã – que todos somos os mesmos espíritos, em marcha de evolução, em qualquer lugar. O fato de estar aqui se constitui em bênção de iluminação, mas não é a prova da santificação de ninguém. A única diferença entre nós outros e os irmãos encarnados é que nesta esfera os sentimentos não podem ser dissimulados e a "veste nupcial" que utilizamos nos caracteriza as intenções mais ou menos nobres.

Ao final da reunião, antes do encerramento formal, a palavra foi concedida aos dirigentes encarnados, os quais elegeram o seu líder para a manifestação. Não necessitando se deslocar de onde estava, pois que era visível a todos nós, o venerável irmão nos falou comovido:

– Caríssimos irmãos, quando nos encontramos aqui e mergulhamos neste mar de bênçãos, que só a misericórdia divina é capaz de nos proporcionar, enchem-se os nossos olhos de lágrimas, que muitas vezes ainda não sabemos definir se de íntima alegria, ou se de íntimo receio. Ao vermos desfilarem sob nossas vistas tantas providências, tantas mudanças, e sabermos que deveremos ser diretamente catalisadores das execuções de muitas delas no plano físico, confesso que nossos corações estremecem, preocupados que somos, não com a eficácia do que é proposto, mas sim em não nos colocarmos como empecilhos à implantação da vontade do Senhor na Terra. Todos vós aqui sabeis de nossas limitações, de nossos anseios, de nossas fraquezas e de nossas dificuldades de relacionamento. Amamos a nossa doutrina, amamos a nossa casa e amamos o nosso fazer. Porém, ainda não conseguimos amar o companheiro de lide, principalmente aqueles que se apresentam como contestadores, como instrumentos de contraponto, que não nos compreendem de imediato as intenções. Ainda nos desesperamos diante de tantos anúncios que daqui partem, com o tanto que precisamos nos esforçar para ao menos não atrapalharmos a marcha da obra do Senhor no mundo, como tantas vezes já o fizemos no passado. Nosso desejo, irmãos amados, é o de não errarmos mais, de acertarmos o passo e de compreendermos a mensagem que todos vós carinhosamente nos enviais. Estas lágrimas, que a todos nos envolvem, são o reconhecimento humilde de nossa pequenez diante de todos vós, como também são o nosso pedido sincero de ajuda, quando voltarmos ao nosso abençoado laboratório de trabalho na esfera física.

O grupo de caravaneiros e nós outros nos olhamos mutuamente e nos flagramos também emocionados com as lágrimas do líder dirigente que, após se refazer por alguns segundos, continuou a falar:

– Temos a consciência de que sozinhos não somos absolutamente nada, de que sem os vossos concursos navegaremos como náufragos à deriva no mar de nossas imensas imperfeições. Decerto podeis perceber em nossa essência o amor que nos invade o ser, mas que muitas vezes não sabemos expressá-lo em atos e em palavras, em gestos ou em sentimentos. Quantas vezes entregamo-nos ao pranto solitário à beira da alcova, porque nos sentimos frágeis e incapazes? Quantas vezes as dúvidas nos envolveram, quase nos fazendo abjurar o caminho, para nos recolher em missões individuais, desprezando a missão coletiva com a qual nos comprometêramos? Todavia, com o vosso apoio fraterno, mantemo-nos de pé, não obstante a insegurança, mas decididos a vos declarar toda a nossa intenção de continuar marchando, confiando que jamais seremos abandonados por vós, que expressam extremo carinho e amor imerecidos a todos nós. Voltaremos por certo mais confiantes, rogando sempre a Jesus que nos acompanhe, nós que, sem Ele, invariavelmente nos perdemos nos caminhos do mundo.

Ao final da fala do ilustre dirigente, Carlos Theodoro enunciou algumas palavras em retribuição aos amigos encarnados, a fim de motivá-los, encerrando a reunião com sentida prece que nos envolveu a todos, mas principalmente aos dirigentes da esfera física, que saíram fortalecidos e animados em servir.

Algumas horas depois, dirigimo-nos para a instituição da dimensão física, onde pudemos reencontrar nossos conhecidos dirigentes, agora na reunião ordinária que tentava imitar a que vimos na Casa Bendita. Em reduzido número em relação à nossa esfera, pouco mais de vinte dirigentes encarnados compareceram no horário aprazado, destacando-se os sete presentes em nossa reunião, que se encontravam todos com nítida disposição, o que poderia ser evidenciado na comparação de suas emissões energéticas com as dos demais. Não obstante, os trabalhadores de nossa esfera encarregados no auxílio individual de cada dirigente encarnado, estavam a postos, exercendo suas atividades de apoio, com desvelo e carinho. O pastor Carl, observando a imensa diferença, ainda presente, da realidade em nosso plano em relação à realidade dos irmãos encarnados, perguntou:

– Joel, falta muito a ser feito para que a situação da esfera física se aproxime da que acabamos de presenciar na esfera espiritual?

– Em termos do relógio terreno, sim. Todavia, o mais importante é a nave estar no roteiro seguro, mesmo que os motores ainda não estejam ligados, deslocando-se apenas pela força da correnteza. A única pressa que temos no momento é de franquear aos irmãos encarnados a reflexão sobre a necessidade de se amarem intensamente, pois esse amor será o combustível que alimentará os motores da nau do plano físico e a fará acelerar a navegação. Sem este sentimento-combustível, qualquer esforço organizacional será em vão.

Ainda nos manifestamos por meio da psicografia, deixando mensagem de estímulo aos irmãos encarnados, que encerraram a reunião alegres, mas muito reflexivos quanto às necessidades das mudanças pelas quais a instituição precisava passar, para a adaptação às novas diretrizes da Colônia do Amor.

Urgências

Capítulo VII

Voltamos às estruturas de nosso plano observando novamente o fenômeno das chuvas amazônicas, que se repetia em manifestação no plano físico. O irmão Raphael retornou à sua posição de orientador da pequena caravana, que agora iria se encaminhar para as observações de cunho prático, de forma a adquirir conhecimentos sobre a atuação no atendimento às necessidades dos milhares de espíritos que nos procuram em Casa Bendita. Em breve pausa de preparação, fomos conduzidos à pequena sala de estudos, onde o bondoso instrutor nos orientou sobre a próxima atividade de aprendizado:

– Daqui a algumas horas nos encaminharemos aos trabalhos mais ostensivos, ligados ao abençoado serviço de desobsessão, em cujas fileiras temos milhares de trabalhadores envolvidos, inclusive encarnados, que nos ajudam no processo do choque anímico, ao qual nos referimos algumas vezes e que é motivo da curiosidade do nosso irmão Carl.

Olhando para o caravaneiro pastor irlandês, sorrindo, continuou a explicar:

– Em nossa esfera nunca cessa o trabalho de atendimento aos irmãos que se encontram algemados, uns aos outros, pelos compromissos diversos, de nocivas consequências tanto para o espírito obsessor quanto para o espírito obsediado. Contam-se aos milhões aqueles que sofrem desse mal, sendo raríssimos os casos de pessoas que não são afetadas, em qualquer grau, por esse fenômeno de ajuste às leis divinas, vinculado à lei de causa e efeito. Todavia, aguardaremos mais um pouco, para que todos possamos observar tanto o nosso trabalho quanto o concurso valioso dos encarnados, também trabalhadores de nossa Casa.

Porque Raphael fizera breve pausa, irmã Sarita aproveitou para indagar:

– Irmão, em nossa região de atendimento efetuamos a libertação de muitas criaturas jungidas como vítimas de lamentáveis verdugos e trabalhamos na influenciação direta de irmãos que sofrem ataques mentais nocivos, na tentativa de que continuem a operar nas missões a que se comprometeram antes de reencarnar. Haverá diferença entre o nosso proceder e o que aqui todos vocês executam? Não seria uma só a diretriz de atendimento em todas as colônias espirituais?

– Na essência – respondeu Raphael, enquanto providenciava o surgimento de um telão holográfico – todos os trabalhos do Cristo objetivam fundamentalmente a fixação do amor nas mentes e no sentimento humano. Embora o trabalho de libertação daqueles que já se encontram em condições para tal obedeça à influenciação da superioridade da condição moral do libertador em relação ao libertado e em relação ao seu verdugo, em nosso campo de trabalho a diferença se dá também pela operacionalização das práticas abençoadas embasadas na Doutrina Espírita, estabelecida, entre nós, por Allan Kardec. O diferencial é o concurso dos encarnados que, como disse, ajuda-nos nos casos em que a vítima ou o algoz, ou mesmo ambos, por suas condições, necessitam dos fluidos vitais presentes em abundância nos que se encontram no corpo físico. Além de tratamento terapêutico, o trabalho, desde a preparação até o momento da doutrinação, é valiosa ferramenta de iluminação dos que a ele se dedicam, fator importante em nosso procedimento.

– Doutrinação, preparação? – indagou padre Marcelo – Por acaso trata-se de algum ritual dogmático?

Com um sorriso no rosto, Raphael respondeu a natural pergunta do jovem sacerdote:

– Não, meu irmão. Não se trata de ritual, apenas de procedimento de trabalho no bem. Ritual dogmático ensejaria o concurso de iniciados ou escolhidos, líderes ou sacerdotes autorizados, o que não ocorre na Doutrina Espírita, que nasceu revelando aos homens a desnecessidade de tais alegorias para o trabalho da libertação nos processos do mundo. No proceder não há o concurso de sacerdotes, xamãs, ou seres especiais, mas sim a participação de homens e mulheres comuns, cheios de boa vontade, embora ainda caminhando com dificuldades de toda ordem; também não há a necessidade de alegorias exteriores, como velas, locais consagrados, indumentárias, cores específicas ou quaisquer expressões materiais, mas sim a necessidade de conhecimento doutrinário adequado e, sobretudo, o desejo de servir, inspirado pelo sentimento do amor, condições que o trabalho exige.

– Então, na prática, em que consiste essa preparação? – ajuntou Carl, atento às perguntas e às respostas.

– Olhemos o processo de preparação de uma das atividades desenvolvidas que, no plano físico, convencionou-se chamar de Atendimento às Urgências Espirituais – disse Raphael, apontando as imagens que surgiam no telão holográfico. – Observemos duas situações distintas: a de uma trabalhadora dedicada e disciplinada, e a de uma cooperadora que ainda luta com muitas dificuldades contra suas próprias mazelas, e que nos obriga a redobrar os cuidados de proteção, a fim de não prejudicar o trabalho.

As imagens do telão refletiam o aparecimento de simples senhora que se desincumbia de seus afazeres domésticos, preparando a refeição diurna para seus familiares. Esposa dedicada, via no lar seu templo sagrado, o qual protegia com suas vibrações de amor por todos os entes queridos. Mesmo que nem todos em sua casa tivessem aderido ao seu programa de trabalho espiritual de amor ao próximo, ela granjeava o respeito de todos no lar, pelo seu proceder manso e pacífico. Após as obrigações de sua casa, que cumpria com satisfação, alimentou-se frugalmente, seguindo a recomendação da boa prática mediúnica, para que o repasto exagerado não se tornasse motivo de distúrbio orgânico a prejudicar a concentração durante o trabalho. Recolhendo-se em prece, em seu quarto, ainda adormeceu por quinze minutos, tempo suficiente para o desprendimento parcial do corpo e para o interlóquio de vinculação com os trabalhadores de nosso plano, que desde o dia anterior já se encontravam em missão de se acercar dos médiuns trabalhadores, ajudando-lhes em suas dificuldades, desde que assim permitissem.

A chegada da nobre irmã ao local do trabalho com o Cristo deu-se de forma tranquila e prática, sem atropelos ou desequilíbrios gerados pela pressa, tendo em vista o bom hábito da dedicada servidora, que, por prudência, costuma se antecipar em trinta minutos em relação ao horário estipulado para o início da atividade. Chegando acompanhada dos trabalhadores de nossa esfera, integrou-se às atividades, confraternizando-se com os demais companheiros e companheiras de lide, mantendo a harmonia pessoal, que se estendeu aos outros, em benesse caridosa de compartilhamento de boas energias.

Chamando-nos a atenção para a observação da outra trabalhadora das atividades de urgências, percebemos que o quadro se alterava sobremaneira. O ambiente doméstico onde ela se encontrava mergulhada possuía pesadas vibrações nocivas, pela presença constante de irmãos desencarnados necessitados de amor, que tentavam expressar seus apegos àquela família por meio da vingança. Debalde os trabalhadores de nossa esfera tentavam isolar vibracionalmente a nossa cooperadora, porque ela mesma ensejava oportunidades de vinculação psíquica com os algozes familiares, quando se colocava em discussões, muitas vezes pueris, com os seus parentes encarnados, olvidando as recomendações de paciência e mansuetude ensinadas pelo Cristo. Constantemente reclamando da falta de cooperação doméstica entre os seus, quando se julgava sobrecarregada de afazeres, não conseguia encontrar o tempo precioso do recolhimento prévio, da oração constante e do equilíbrio necessário à vinculação aos nossos trabalhadores, que se esforçavam em proteger a servidora de todas as formas possíveis. Lutando contra o relógio, porque suas preocupações diárias quase sempre a faziam se atrasar na saída de casa, chegava ao local do trabalho esbaforida, justificando seu atraso com as complicações do trânsito na cidade. Além dos trabalhadores de nossa esfera, nossa irmã também chegava acompanhada de irmãos necessitados de luz, que se consideravam inimigos de sua família.

Admirados pela diferença perceptível entre uma e outra preparação das trabalhadoras, os caravaneiros pediram esclarecimentos ao nobre instrutor:

– Haverá condições de trabalho para esta última? – disse irmã Sarita – Não seria exemplo de caridade mantê-la afastada?

– Por que permitem os trabalhadores a presença do inimigo desencarnado? – quis saber padre Marcelo, impressionado – Não seria falta de prudência?

– De fato, qual a contribuição que tamanho desequilíbrio pode proporcionar à atividade? – arrematou o pastor Carl, curioso.

Raphael ouviu a avalanche de dúvidas com respeito e interesse, quando fez com que as imagens congelassem no telão, para posterior utilização. Com o mesmo semblante paciente de sempre, respondeu:

– Irmãos, se o próprio Cristo reuniu ao seu redor doze apóstolos diretos e mais dezenas de colaboradores indiretos, com diferentes históricos de equilíbrio e de dedicação, quem somos nós para querer a homogeneidade santificada entre os nossos valorosos trabalhadores? Acaso merecemos mais que o Senhor? Devemos recordar sempre que o nosso móvel principal é o amor, sentimento este que deve primeiramente pulsar entre nós, para que, só depois, arvoremo-nos em afirmar que espalhamos esse amor às pessoas que nos cercam a vida em busca de nossa cooperação no trabalho.

Olhando as imagens congeladas do telão, que mostrava a fotografia das duas trabalhadoras sob análise, Raphael fez curta pausa e, apontando-as, continuou a dissertação:

– Nossas irmãs recebem igual cota de cuidados de nossa parte. Tendo em vista a importância do trabalho e a exposição às quais as médiuns são submetidas durante a atividade, geralmente ficando na mira dos espíritos renitentes, a atenção a elas é sempre motivo de prioridade. A forma de recebimento dessa nossa cota de cuidados, todavia, cabe a cada indivíduo, de acordo com a utilização que faz do seu livre-arbítrio. A primeira irmã compreende seu dever de trabalhadora e, apesar das dificuldades iniciais, aplicando em casa os ensinamentos que aprendeu com a Doutrina Espírita, conseguiu granjear o respeito de todos em seu lar, contribuindo com o ambiente favorável à preparação para o trabalho. Isso não foi obra de um passe de mágica, mas sim fruto do esforço constante de nossa cooperadora, que hoje colhe os frutos de seu labor. A segunda irmã, igualmente amada por todos nós, ainda não conseguiu o mesmo êxito porque ainda não aprendeu a amar a si mesma. Olvidando as recomendações que constantemente aqui recebe, tenta mudar os outros em sua casa, sem perceber que necessita primeiro mudar o próprio comportamento, dentro de seu lar interior. Por isso entra em choque constante com os seus e dá vazão às iniciativas dos irmãos que se dizem inimigos da família, pelos conflitos do pretérito em outras existências. Apesar disso, não consideramos falta de caridade mantê-la no trabalho, porque, como veremos a seguir, dentro de nossa casa ela recebe o impulso energético que a fortalece e a faz trabalhar no bem, sendo por nós utilizada de variadas maneiras.

Olhando para o padre Marcelo, Raphael sorriu e, demonstrando seu carinho pelo jovem sacerdote, respondeu à sua indagação:

– Quanto aos supostos inimigos desencarnados de nossa irmã, não nos compete seguir outra orientação diferente daquela ensinada pelo Senhor: "amai os inimigos, fazei o bem aos que vos odeiam, bendizei os que vos maldizem e orai por aqueles que vos caluniam".[61] Nada obstante, nossa irmã trabalhadora acaso também não pode ser atendida pelos benefícios do trabalho? Mais que outra prioridade, os operários da obra precisam estar em condições ideais de serviço para que a edificação surja grandiosa. No caso em tela, vemos a situação típica da obsessão coletiva, quando um grupo de entidades localizou os seus algozes do passado, entregando-se às tentativas de fazer justiça com os próprios meios. Pequenos colonos ribeirinhos do início do século passado, eles foram arrancados de suas terras pela ganância da família de nossa irmã, que outrora fora muito rica em decorrência do acúmulo de bens oriundos do comércio da borracha. Utilizando meios ilícitos de desapropriação, quando encontravam a negativa daqueles que tinham a posse das terras ricas em seringais, valiam-se do prestígio econômico para forjar documentos falsos e alijar os pobres ribeirinhos do convívio com o chão que os criou, relegando-os à mendicância na cidade ou ao engajamento a trabalhos degradantes. Neste caso, a obsessão é ajuste de contas necessário para que a oportunidade do perdão se faça.

– Mas a irmã, então, trabalhará hoje dignamente ou será atendida como necessitada? – perguntou Sarita.

– As duas coisas – disse Raphael – pois que ela, por intermédio da sua excelente aptidão mediúnica, propiciará o atendimento aos seus perseguidores, quando esperamos demovê-los da ideia de vingança, como veremos em seguida.

---

[61] **Nota da Editora**: Lc 6: 27 -28.

– Vejo que é uma providência caridosa e útil, – disse Carl – mas terão consciência os encarnados de que estão operando em favor da irmã, já que a vimos nas imagens em preparação inicial de integração aos trabalhos?

– Elucidaremos esta dúvida com a simples observação do que se sucederá – disse Raphael, sorrindo. – Nem sempre o que se apresenta aos olhos físicos é exatamente o que ocorre no todo. Todavia, o sentimento reinante da caridade é o que importa seja mantido entre nós, os trabalhadores encarnados e os assistidos das duas esferas.

– Irmão Raphael, antes de prosseguirmos, pode-nos esclarecer por que utilizam o termo urgências? – pediu a nobre freira, com humildade – Não seriam todos os casos de obsessão igualmente urgentes?

– Nossas atividades, irmã, são dimensionadas de acordo com as necessidades daqueles que nos procuram ou nos são trazidos por outros. Quando nossa casa aqui se estabeleceu, mapeamos todas as nossas possibilidades de trabalho, unindo os dois planos da vida, estabelecendo um cronograma de implantação, que no momento está sendo realizado. Em nossa esfera, acolhemos aqueles que nos procuram espontaneamente em busca de refrigério ao espírito cansado; resgatamos irmãos que se encontram aprisionados de todas as formas e que já possuem condições de atendimento; tratamos os doentes, educamos os que desejam se melhorar e mantemos a vinculação constante com a dinâmica que se desenvolve no Posto e na Colônia do Amor. Na esfera física, outrossim, realizamos boa parte dos trabalhos executados em nossa esfera, mas entendemos que os necessitados devem tomar a iniciativa da melhoria íntima, procurando-nos de bom grado. Nas atividades de estudos, de tratamento e de reequilíbrio mental, centenas são atendidos. As Urgências surgiram para o atendimento àqueles irmãos encarnados que, por si só, não conseguem tomar a iniciativa de procurar ajuda, face aos casos graves de obsessão em que se encontram, quase sempre apresentando reflexos no corpo somático, com o surgimento de patologias diversas.

Raphael, olhando para o irmão Carl, que se encontrava concentrado, prosseguiu na explanação:

– Normalmente, tais irmãos são trazidos por familiares desesperados e desorientados, que já tentaram todo tipo de atendimento disponível no plano físico: médicos não resolveram, remédios não aliviaram, templos não afastaram os "demônios" e igrejas não conseguiram salvar. Como veremos a seguir, a falta de conhecimento sobre a realidade em que eles se encontram mergulhados dificulta grandemente o tratamento da maioria das patologias mentais no mundo, como a depressão, a melancolia crônica, a esquizofrenia e tantas outras.

Enquanto terminava a sua fala, Raphael acionava novamente o telão para nos apresentar a atividade que se iniciava no plano físico.

As imagens do telão mostravam nossos irmãos trabalhadores refletindo em torno de mensagem evangélica oportuna às atividades que ali eles desenvolviam. Concluída a fase de preparação em conjunto, o grupo de médiuns e doutrinadores se encaminhou para o ambiente destinado ao apoio mediúnico, e a equipe de acolhimento aos necessitados passou a receber os "pacientes", que vinham acompanhados dos familiares. Dois casos graves apareceram diante dos cooperadores.

O primeiro, o de uma jovem moçoila que, no limiar da fase adulta, encontrava-se completamente dementada, com dificuldades, inclusive, de locomoção, e necessitava do amparo do seu pai e de sua mãe que a acompanhavam. O pai, mais sereno, relatou que há mais de dois meses lutava com a repentina doença da filha que, sem motivos aparentes, entrou em processo de alucinação constante, pânicos inusitados, choros compulsivos e inexplicável alteração de humor. Ela, que sempre foi doce e amorosa, não raro falava línguas estranhas e gargalhava alto, ameaçando a mãe, que apenas chorava inconsolável. No perambular característico do desespero daqueles que não compreendem, a reação natural foi primeiro procurar auxílio médico, que logo detectou patologias diversas de esquizofrenia, síndrome do pânico e estresse mental crônico.

Doses e mais doses de antidepressivos, calmantes e outras drogas não surtiram o efeito desejado, causando apenas o aumento da demência da pobrezinha, que cada vez mais ficava à mercê dos seus algozes. Em um paradoxo expiatório, o que se considera, no plano físico, a solução, com a aplicação de doses exageradas de psicotrópicos e outros, na verdade serve de arma em favor dos perseguidores desencarnados, tendo em vista que o paciente, em espírito, passa mais tempo ao bel prazer dos algozes, face ao desprendimento parcial da alma, o que é facilitado pelo efeito da drogadição. Após idas e vindas em busca de todos os tipos de auxílio que lhes recomendaram, os pais da doce quase criança, embora no início relutantes devido aos preconceitos e à ignorância sobre o proceder espírita, resolveram aceitar o conselho de um médico terapeuta, que também era vinculado à causa espírita, e procuraram esta instituição, motivados, sobretudo, pelo último acesso de loucura da jovem, que passou a querer se automutilar, sem qualquer motivo que justificasse tal ação.

Com esse quadro doloroso, chegaram à nossa Casa quase suplicando de joelhos a salvação de sua filhinha, antes tesouro de doçura, mas que definhava a olhos vistos. Foram recebidos com fraternal carinho pelas atendentes, que logo perceberam o enquadramento do caso nos objetivos dos trabalhos que ali se desenvolviam. A postos todos os trabalhadores, colocaram a jovem na sala de repouso especialmente preparada para o atendimento, enquanto, à mesa mediúnica localizada em sala contígua, os valorosos cooperadores iniciavam os trabalhos. Em nossa esfera, contudo, as cenas eram ainda mais chocantes: uma dezena de espíritos infelizes, todos vestidos com trajes indígenas, pintados com cores características da preparação para a guerra, circundavam o campo mental da jovem sofredora. Não entendiam onde estavam, mas, ao perceberam que os trabalhadores iriam efetuar o auxílio bondoso à sua perseguida, revoltaram-se, coléricos, agitando-se de variadas formas. A movimentação dos infelizes indígenas era imediatamente reproduzida pela irmã obsediada, que captava as impressões e agia como se ela fosse a autora, tamanho o grau de vinculação psíquica em que estavam mergulhados. Enquanto os irmãos encarnados seguravam fisicamente a jovem que se debatia, os trabalhadores de nosso plano aplicavam passes magnéticos nos indígenas, que um a um eram levados ao atendimento por meio da mediunidade, para que o choque anímico tratasse de fazê-los receptivos às palavras do doutrinador. As médiuns recebiam as mesmas impressões da irmãzinha doente, falando línguas estranhas e incompreensíveis no início. Com a ajuda do mentor da reunião, que aplicou mais possibilidades magnéticas à médium, a trabalhadora passou a relatar, em tradução, o que os indígenas falavam em protestos veementes:

– Soltem-nos, vermes imundos! Não o deixaremos em paz! Vocês pensam que só porque ele está neste corpo doce e meigo pode nos enganar?! Esse disfarce fez com que o perdêssemos por alguns anos, mas agora que o achamos, continuaremos a vingança! Todo sofrimento é pouco para este verme maldito! Seus crimes não passarão incólumes! Ele pagará! Ele pagará!

Um por um os verdugos foram levados ao atendimento doutrinário, pelo concurso dos trabalhadores de nossa esfera, que eles não conseguiam perceber, pela vibração em que se encontravam envolvidos. O doutrinador falava docemente tentando demover a intenção dos irmãos que não cediam. Um ou outro foi convencido a mudar de ideia e cessar a perseguição, mas a maioria estava renitente. Aquele caso grave era indicação de meses de tratamento. Após quase uma hora de trabalho doutrinário, nossos irmãos conseguiram o isolamento paliativo da pobrezinha, que começou a apresentar sensível melhora, inclusive conseguindo caminhar sem a ajuda dos pais, que, àquela altura, encontravam-se surpresos e, ao mesmo tempo, muito gratos pela ajuda divina. Recebendo as orientações para o necessário tratamento contínuo, puderam voltar ao lar e, enfim, desfrutar de uma noite de sono tranquilo, o que não ocorria desde o início das crises.

Os irmãos caravaneiros estavam completamente admirados com o trabalho que presenciavam à distância. Percebendo a hora de esclarecer, Raphael congelou novamente as imagens do telão e aguardou por alguns segundos, para depois completar a instrução:

– Nossa irmã resgata, com dolorosa mediunidade expiatória, muitos dos seus débitos do passado longínquo. Rica e poderosa, mas vestindo a indumentária física masculina, foi grande assassino de indígenas, não medindo esforços para dizimar tribos e famílias inteiras de irmãos que habitavam terras que se mostravam ricas, na então nova cultura da borracha. Ao invés de utilizar sua riqueza para prover a promoção social dos irmãos em condição singela de evolução, emprestou o seu ouro para servir a "Mamon", em descumprimento às recomendações de Jesus[62]. Centenas de indígenas foram eliminados rudemente sob suas ordens, que eram completamente insensíveis à súplica de mães, velhos e crianças que imploravam pela preservação

---

[62] **Nota da Editora**: Lc 16:13.

de suas vidas. Tendo desencarnado no auge de sua pujança milionária, pela paralisia dos órgãos vasculares, caiu imediatamente nas mãos de muitas de suas vítimas, que o perseguiram por anos e o supliciaram por décadas. Atendido pela misericórdia de Deus, que nunca abandona os seus filhos, volveu a esta reencarnação, sendo acolhida como filha por seus abnegados pais, que se colocaram à disposição para ajudá-la a resgatar as suas dívidas. Todavia, enquanto o ódio residir no coração dos homens, o processo obsessivo permanecerá como ferramenta de ajustes da lei de causa e efeito. Após anos de trégua para o desenvolvimento físico da irmã doente, o processo de vinculação voltou a acontecer, construindo o quadro que acabamos de analisar.

A pausa do instrutor foi providencial, oportunizando aos instruídos o tempo necessário para as suas indagações:

– A partir de agora ela melhorará? – questionou Sarita, com lágrimas nos olhos.

– Para onde irão aqueles que declinaram da perseguição? – indagou padre Marcelo, emocionado.

– Qual a consequência de tais experiências para os médiuns, já que citaste que eles ficam expostos aos perseguidores? – perguntou Carl, interessado.

Raphael olhou para nós outros solicitando que eu colaborasse nas respostas aos irmãos caravaneiros. Utilizando-me também do telão holográfico, respondi, enquanto apontava algumas imagens como ilustração:

– A irmã atendida apresentará alguns dias de melhora, pelo isolamento momentâneo que foi aplicado pelos trabalhadores de nosso plano. Entretanto, o lamentável estado de vinculação às imagens e cenas do passado, gravadas em sua consciência, fatalmente a levará de volta ao convívio com os irmãos vingadores. O tratamento deve continuar por meses, porque somente a poderosa arma do amor é capaz de desvencilhar as correntes mentais que unem o verdugo à vítima; quando, então, o perdão se apresenta de forma decisiva. A partir de agora, outra equipe de nossa esfera entrará em ação. Pesquisarão a existência de espíritos que possuam laços afetivos com os verdugos, para que se apresentem nas próximas reuniões, a fim de amolecerem os corações endurecidos. Nesse caso, o calor do amor de uma mãe ou de um pai é sempre a ferramenta ideal para desmanchar as mais coesas estruturas de ódio. Pouco a pouco, um a um, eles serão recambiados até o lugar para onde são encaminhados aqueles que se libertam do processo vingativo.

Olhando para o jovem sacerdote italiano, prossegui na resposta:

– Após anos de militância no mal, nossos irmãos são levados ao hospital de saúde mental, uma estrutura de Casa Bendita destinada à harmonização psíquica dos atendidos, a fim de que possam encontrar o equilíbrio que lhes favoreça o prosseguimento de suas jornadas evolutivas. Lá receberão tratamento adequado de energias magnéticas, permeado de exortações evangélicas. Uma vez melhores, como ainda permanecendo em vibrações de baixo nível, frequentarão as salas de estudo junto aos encarnados, onde encontrarão as mensagens do bem e do amor, ensinadas nas diversas atividades. Somente após estarem em condições de nos perceber a ajuda, é que serão conduzidos ao Posto do Amor, para o início da preparação à reencarnação, a qual, nesses casos, necessita de providências próprias.

Fiz mais uma pausa para trocar as imagens do telão, mostrando as figuras de nossos irmãos encarnados, que se preparavam para novo atendimento. Retomando o interesse expressado pelo pastor irlandês, tratei de responder a sua dúvida:

– Procuramos operar mais ostensivamente em apoio ao bom uso do livre-arbítrio pelo médium, pois que, nessa circunstância, ele naturalmente se abre à nossa proteção, facilitando-nos a ação de desvinculação psíquica dos irmãos obsessores. Assim, a maioria dos trabalhadores que atua como médiuns, ao receber o concurso de nossa esfera, volta às atividades rotineiras com tranquilidade. Há, porém, casos em que, por invigilância, eles se deixam influenciar, excessivamente, pelos irmãos desencarnados atendidos, favorecendo a continuidade da vinculação psíquica por dias, na proporção do grau de passividade permitido pelo medianeiro. Por isso que não nos cansamos de recordar as lições de Jesus: "orai e vigiai sempre!"[63]

As imagens do telão mostravam o segundo atendimento do dia. Um senhor de meia-idade, também com dificuldades de locomoção. Não se debatia, não se inflamava

---

[63] **Nota da Editora**: Mt 26:41.

em gritos, mas estava completamente dominado física e psiquicamente, pois seu corpo enrijecia, fazendo com que ele andasse arrastando os pés. Trazido também por seus familiares, foi atendido com o mesmo carinho pelos trabalhadores encarnados, que logo o encaminharam à sala de repouso. Deitado e com o olhar fixo em direção ao teto, como se estivesse alienado ao que ocorria, aos poucos foi adormecendo, pelo concurso dos passes magnéticos que lhe foram aplicados em nosso plano.

As cenas se nos apresentavam terrificadoras. Entidades transformadas em seus períspiritos, como animais rastejantes, cercavam o pobre homem, assenhorando-se dele com correntes pesadas em suas mãos e pés. Subjugavam-no mentalmente, incutindo-lhe a ideia fixa de que ele também era um quelônio e que possuía uma carapaça pesada em suas costas. As entidades, que também pareciam alienadas, ora riam-se estentóricas, ora fechavam os semblantes, aplicando o látego nas costas do obsidiado, como se ele fosse um escravo. Ao adormecer o doente, nossos trabalhadores o conduziram à ala mediúnica, juntamente com os seus perseguidores, sendo estes imediatamente percebidos pelos trabalhadores encarnados mais sensíveis. Uma das médiuns logo começou a externar o psiquismo de um dos perseguidores, que reclamava furioso, sem entender o que se passava:

– O que estamos fazendo aqui?! Precisamos voltar para o nosso lago, para a nossa prisão! Somos todos animais! E ela também é, ela também é!

Em explicação necessária, ajuntei:

– O espírito infeliz se referia ao pobre homem doente como "ela", porque a vinculação psíquica era com a indumentária feminina que o atendido vestiu em vida passada, quando enganou a muitos e se associou a entidades que depois vieram lhe cobrar contas. No início do século XX, ela conheceu o Espiritismo, que começava a se espraiar nas terras amazônicas. Logo se lhe percebeu o grande poder mediúnico, com facilidades para curar, o que decorria do magnetismo que lhe facultava essa possibilidade de trabalho. Apesar das bênçãos que lhe foram concedidas, preferiu comercializar os seus dons, vendendo receitas e serviços para fins diversos e menos nobres, utilizando-se do concurso dos espíritos que com ela se afeiçoavam na realização dos trabalhos. Por longos anos endividou-se com entidades de baixo teor vibratório, que lhes cobraram duramente quando retornou ao nosso plano, depois de completar oitenta anos na anterior romagem terrena. Apesar de ser reverenciada por muitos encarnados, na verdade era uma prisioneira espiritual de seus credores, que lhe aplicavam o castigo por tantos anos de "trabalho" sem o "retorno" que ela lhes havia prometido. Depois de muitos anos encarcerada, foi-lhe concedida a bênção da reencarnação, para que pudesse buscar a redenção dos seus erros, o que implicaria em ter, primeiro, que se desvencilhar da vinculação com os seus algozes.

O trabalho mediúnico prosseguiu com o esforço de uma das médiuns e do doutrinador, que orava pelos irmãos comunicantes, para que perdoassem e assim também se libertassem.

Concluído o atendimento, notamos que os trabalhadores de nosso plano permitiram que o espírito perseguidor da outra trabalhadora, médium, também adentrasse à sala e se colocasse junto a ela para que ambos fossem atendidos. Vinculada ao seu perseguidor, a médium deu passividade às suas impressões:

– Ela vai pagar por tudo o que fez conosco! Não adianta nos prender aqui, pois ela vai pagar! Agora ela quer se passar por boazinha, rezando e dizendo para perdoar?! Mas quem não é essa mulher cordeirinha, senão uma onça selvagem e cruel?! Ela vai pagar até o fim!

Todos os encarnados tratavam carinhosamente o irmão comunicante, como se ele fosse algoz do senhor em atendimento. Os trabalhos assim prosseguiram até mais alguns minutos, quando nossos trabalhadores conseguiram adormecer todas as entidades e levá-las até o hospital antes referido, para darem seguimento no processo de libertação. Raphael, com um olhar, pediu que eu fizesse uma pausa na explanação, para franquear o momento do esclarecimento aos nossos visitantes, que não se fizeram de rogados, perguntando em seguida:

– Estará libertado o pobre homem, já que todos os três perseguidores foram levados ao hospital?! – questionou Sarita, demonstrando sua sensível emoção.

– Pode a médium se autoatender, como vimos com nossa irmã trabalhadora?! – perguntou Carl, surpreso.

– Os encarnados terão consciência do que realmente ocorreu? – Indagou padre Marcelo, por sua vez.

Raphael olhou para mim, sorrindo, e compreendi, de pronto, a indicação de que eu deveria conduzir as respostas. Voltando a manipular o telão, concentrei a imagem no irmão encarnado que fora atendido e que evidenciava sensível melhora, respondendo às perguntas de seus familiares com lucidez e conseguindo se locomover normalmente, apesar de ainda se encontrar um pouco tonto, exigindo a carinhosa atenção de seus entes queridos, que choravam em agradecimento aos atendentes encarnados. Aproveitando a imagem nobre do reconhecimento e da gratidão expressa pelo sofredor, respondi aos questionamentos:

– Infelizmente este homem não pode ser considerado ainda liberto, pois as três entidades atendidas são, na verdade, prisioneiras mentais de um outro algoz, portanto, tão doentes quanto o pobre paciente. Nossos cooperadores já identificaram que todos eles estão sendo telepaticamente guiados por poderoso espírito embrutecido, que subjuga muitos irmãos, a quem chama de escravos. A maioria são médiuns falidos que, tal como nosso irmão, comercializaram os dons sagrados que Deus lhes concedeu, desobedecendo às instruções sobre dar de graça o que de graça recebeu[64]. O próximo passo será localizar o grande mentor e trazê-lo para o início de sua libertação. Nosso paciente tam-

[64] **Nota da Editora**: Mateus 10:8.

bém deverá ser tratado por muito tempo, quando esperamos libertá-lo de suas algemas mentais, desde que assim ele se permita.

Fiz uma nova pausa intencional para olhar nossos irmãos caravaneiros, como também para procurar no telão a imagem de nossa médium trabalhadora, que igualmente fora atendida naquela tarde. Porque nos emocionamos todos ao ver a sua alegria pelo trabalho desenvolvido, que se encerrava em primeiro turno, respondi a pergunta de Carl, com olhos nitidamente lacrimejantes:

– Quando estamos encarnados, geralmente nos esquecemos de que somos espíritos eternos, em plena jornada evolutiva. A nossa irmã trabalhadora é muito querida por todos nós, porque sentimos em seu íntimo a vontade de querer se melhorar, mesmo que essa vontade ainda não seja tão forte que a mova decididamente à mudança. Neste trabalho ela encontra, na prática, o caminho que deve buscar para o prosseguimento da história de felicidade a que todos estamos destinados a viver, uma vez que se depara com tantos exemplos de dor e sofrimento, débitos e necessidade de perdão. Aqui ela recebe a injeção de ânimo para enfrentar as dificuldades do dia a dia e temos a certeza e a confiança de que aos poucos ela vai conseguir transportar os sentimentos que vivencia no trabalho no bem até o ambiente familiar, para saneá-lo com o amor provindo da própria caridade. No caso em que estudamos, nossos trabalhadores perceberam que seria ótima oportunidade de também incluir no atendimento o irmão algoz de nossa médium, que logo deu passividade, pensando estar atendendo aos sofredores ligados ao homem assistido naquele momento. Nenhum dos integrantes da equipe encarnada percebeu que estavam ajudando no tratamento da irmã igualmente necessitada, o que para nós é indiferente, em face do resultado obtido ao final do trabalho.

Retornando às imagens do momento do atendimento à irmã medianeira, voltei a falar sobre a influência da falta de vigilância no trabalho desenvolvido:

– A trabalhadora sairá feliz e aliviada, experimentando agradável sensação e notando que estará bem melhor do que quando aqui adentrou. Mas infelizmente são muitos os débitos e muitos os cobradores. Pela falta da necessária constância na disciplina, na oração e na vigilância, geralmente se envolve nas teias mentais criadas pelos seus perseguidores, deixando-se dominar, entregando-se ao desatinado comportamento de choque mental com seus familiares. Somente quando passar a refletir diariamente sobre a sua condição mental é que perceberá que se encontra como necessitada do trabalho que ela mesma ajuda a desenvolver nesta Casa. Aliás, a regularidade de sua frequência às atividades é que lhe proporciona as energias suficientes para não cair dementada como os pacientes que chegam aos trabalhos de urgências. Quanto aos demais trabalhadores, observemos que estão retornando aos seus lares sob a escolta dos cooperadores de nossa esfera, os quais ficarão com eles até terem a certeza de que nenhuma entidade ligada aos atendimentos do dia os tenham perseguido para se vingarem de alguma forma.

– Existem casos em que isto acontece? – perguntou Carl.

– Quando os trabalhadores permitem, sim. – respondi – Muitos dos encarnados, empolgados com a atividade que desenvolvem e com os benefícios auferidos, têm o lamentável hábito de querer comentar essa ou aquela situação vivenciada nas reuniões, relatando com pormenores os dramas dos espíritos atendidos e dos assistidos a eles ligados. Arvoram-se em alardear os benefícios alcançados, no fundo, para que os ouvintes, que muitas vezes são pessoas alheias ao trabalho, ofereçam flores de reconhecimento ao esforço que os desavisados trabalhadores julgam merecer. Esquecem-se, todavia, de que tais comentários, inoportunos por não terem utilidade pedagógica adequada, acabam por imantá-los psiquicamente aos personagens dos dramas vividos, podendo trazê-los para perto e, dependendo do caso, também sofrer-lhes a influência perniciosa. Não são raras as situações de baixas momentâneas ou de longa duração de trabalhadores que, pelos motivos que acabei de explanar, afastam-se das atividades por se acharem doentes, mas que na verdade estão sofrendo obsessões por causa de sua invigilância e falta de prudência no trato ético-moral que suas funções exigem. Nestes casos, o nosso concurso é refrigério, mas nada podemos fazer quando os trabalhadores utilizam o livre-arbítrio para agir inescrupulosamente, restando-nos apenas ajudá-los como a qualquer outro assistido da Casa. Não por outro motivo insistimos com os irmãos encarnados sobre a necessidade da reflexão íntima acerca da importância dos trabalhos que desenvolvem, para que possam enxergar a sua magnitude e abrangência.

Porque não havia mais perguntas dos irmãos caravaneiros, Raphael nos convidou à caminhada pelos corredores de Casa Bendita, para observarmos outra atividade de suma importância nos dois planos da vida, o trabalho dos estudos doutrinários. O pôr do sol finalizava os seus últimos raios alaranjados, iluminando os jardins da área externa. Pássaros cantarolantes recolhiam-se às árvores frondosas que lhes serviam de abrigo noturno. A movimentação nos dois planos prosseguia frenética, evidenciando, na prática, a luz do Senhor Jesus se espalhando por nossa região, de acordo com a sua determinação de instalar uma das estacas de seu reino de amor aqui, nas verdes terras da Amazônia.

Estudos Doutrinários

Capítulo VIII

Enquanto no plano físico estava sendo observado o intervalo entre os dois turnos do trabalho, em nossa esfera as atividades prosseguiam em quase todas as frentes, excetuando-se aquelas em que utilizávamos a colaboração dos encarnados, que em verdade constituíam-se na minoria dos casos. Chegando todos nós à grande ala destinada aos estudos doutrinários, fomos apresentados aos dirigentes das atividades, entre os quais se encontrava nosso irmão Bernardo d'Almeida, que foi encarregado de nos acompanhar, como instrutor dos caravaneiros. Em uma pequena sala reservada, o novo orientador nos falou a título de apresentação dos trabalhos:

– Nosso departamento exerce importante função no processo de libertação das criaturas que procuram a nossa Casa pelos caminhos da iniciativa própria ou daqueles recém-saídos dos processos de tratamentos diversos, desejosos de continuar a marcha evolutiva. Seguindo as orientações de Jesus, de espalhar a Verdade a quantos a desejarem no íntimo[65], aqui estudamos sistematicamente a doutrina espiritista, preparando milhares de futuros trabalhadores que estagiarão nas lides práticas em nosso plano, antes de mergulharem em novas jornadas reencarnatórias.

Padre Marcelo, observando atentamente todos os detalhes, fez pergunta alusiva à particularidade do trabalho:

– Irmão, vimos muitos religiosos de outras correntes doutrinárias sendo atendidos nas atividades do hospital. Eles também terão que frequentar os estudos doutrinários espíritas ou existem aqui outras atividades ligadas aos seus círculos religiosos?

– Não, irmão, não existem atividades outras ligadas às demais expressões religiosas. – respondeu Bernardo, de pronto – Entretanto, somente encaminhamos ao estudo específico do Evangelho de Jesus aqueles irmãos em condições de receberem o necessário tratamento espiritual, independentemente de sua convicção religiosa. Em nenhum momento fazemos qualquer distinção sobre a escolha doutrinária dos atendidos, mas respeitamos a decisão daqueles que desejarem aprofundar-se em suas convicções religiosas, quando os encaminhamos aos postos de atendimento existentes em outros lugares. Há de se observar, contudo, que muitos chegam até aqui iludidos com tal ou qual segmento religioso, querendo voltar aos seus círculos de convívio, mas se frustram ao saber que eles não existem em nosso plano,

[65] **Nota da Editora**: Mt 10:1-16 e 28:16-20; Mc 6:7-13 e 16:15-18; e Lc 9:1-6 e 10:1-16.

porque são frutos de iniciativas próprias de enganadores, contumazes especialistas na prática do embuste, para usufruírem de benesses, à custa dos ingênuos seguidores.

– Mas há muitos nessas condições? – perguntou Carl, interessado.

– Infelizmente, sim! – disse o instrutor, de inopino – Pululam os falsos profetas e os falsos discípulos do Cristo, criando, da noite para o dia, novos templos e igrejas desprovidos do embasamento doutrinário sólido, e que geralmente surgem da expressão do orgulho e do egoísmo de dissidentes de honradas instituições religiosas. Proclamando-se melhores que seus líderes e superiores a eles, arvoram-se como missionários do Cristo, mas acabam se envolvendo com entidades espirituais que lhes satisfazem os desejos em troca de benesses recíprocas, criando uma teia de compromissos de difícil desatamento. Quando os incautos seguidores desencarnam aguardando o paraíso prometido, deparam-se com a triste realidade a que se submeteram e, muitos deles, revoltados, entregam-se à vingança, enquanto outros, arrependidos, solicitam ajuda. Quando estes se integram aos nossos trabalhos de atendimento, normalmente preferem se vincular aos estudos que aqui descobrem, em face da comprovação prática da realidade espiritual.

Utilizando-se também do recurso das imagens holográficas, Bernardo d'Almeida seguiu explicando os pormenores da atividade:

– Como já puderam observar, uma de nossas atividades de estudo é diretamente ligada às atividades dos irmãos encarnados, quando levamos os espíritos atendidos nas operações do choque anímico ao contato das salas de estudo no plano físico. Assim como ocorre nas reuniões de doutrinação por meio da mediunidade, levamos os irmãos em tratamento aos estudos com os encarnados que compartilham os ensinamentos doutrinários. Isso porque os atendidos são mais suscetíveis de ouvir os irmãos da esfera física, tendo em vista as vibrações em que se encontram. Neste momento iremos, pois, observar como funciona esta atividade em conjunto com os encarnados, que ora se encontram em preparação para o início do segundo turno de trabalho.

O instrutor nos mostrou as imagens projetadas no telão que apresentava um grande salão, em nosso plano, onde várias entidades, acompanhadas de nossos cooperadores, aguardavam o início das atividades, ouvindo uma cantata executada pelos trabalhadores da arte, cujas melodias harmônicas colaboravam na manutenção do equilíbrio e na sensibilização dos presentes. Não obstante a grande movimentação dos que chegavam, o silêncio era a prece constante emitida por todos, colaborando com a harmonia reinante. Notamos que um grupo grande de irmãos ficava mais isolado, parecendo necessitados de maior ajuda dos trabalhadores, evidenciado pelo estado em que se encontravam.

– São os recém-saídos dos processos de tratamentos diversos. – disse Bernardo – Serão os que assistirão às aulas junto aos encarnados.

Percebíamos que os irmãos em tratamento estavam ainda semilúcidos, quase sonolentos, o que chamou a atenção dos caravaneiros.

– Neste estado de consciência, os irmãos em tratamento absorverão algum ensinamento doutrinário? – perguntou Carl.

– Como não? – respondeu Bernardo – Apesar de parecerem dispersos e desassociados ao trabalho, eles se encontram em estado muito melhor do que quando aqui chegaram, e aos poucos vão se interligando ao nosso plano dimensional, percebendo a nossa presença. Ademais, eles serão encaminhados a turmas específicas, onde o tema a ser estudado colaborará com o estado de saúde mental em que atualmente se encontram.

– Em todas as turmas de estudo no plano físico há o correspondente efetivo de espíritos em tratamento vinculado? – indagou Sarita, observando os irmãos que continuavam a chegar.

– Infelizmente, nem todas as turmas de encarnados estão em condições de receber os irmãos em tratamento. – disse o instrutor, mudando o semblante – Na maioria das turmas há o sincero desejo de harmonia entre estudantes e facilitadores, e o esforço coletivo colabora na qualidade da psicosfera reinante, propiciando que levemos os pacientes convalescentes. Todavia, em alguns casos, a invigilância dos participantes dos estudos faz com que tenhamos de isolar psiquicamente a turma, para que suas emanações menos nobres não interfiram na harmonia do todo. Teremos a oportunidade de observar um e outro caso semelhante, como estágio de aprendizado. Continuemos a observação.

No grande salão, em nossa esfera, os trabalhadores iniciavam a reunião com a leitura de um trecho de O Evangelho Segundo o Espiritismo, que nos fez refletir sobre a necessidade da vivência da verdadeira caridade em todos os momentos de nossa existência, que é o único meio de vestirmos a túnica nupcial para adentrarmos as bodas do Senhor[66]. O espaço de congregação inicial encontrava-se repleto de irmãos em busca de enriquecimento espiritual por meio da instrução nobre. Uma singular particularidade nos chamou a atenção: todos os trabalhadores de nosso plano, instrutores e auxiliares das turmas de estudo, encontravam-se em pé e de mãos dadas ao redor dos estudantes, como se estivessem a abraçá-los simbolicamente. Captando as nossas dúvidas, o orientador nos falou em explicação:

– Não se trata de nenhum procedimento comum ou regular. Tal abraço simbólico foi sugerido por um dos instrutores, que logo recebeu o apoio dos demais, tamanha é a harmonia entre eles. Percebam a alegria de servir, facilmente identificada nas expressões faciais dos instrutores e pelo brilho da luz que emanam em favor de todos.

---

[66] **Nota da Editora**: O Evangelho Segundo o Espiritismo, capítulo 18, itens 1 e 2.

– Existem semelhantes atitudes no plano físico? – perguntou padre Marcelo.

– Mudemos o padrão da observação e constatemos a diferença...

Voltamos a observar o telão que fora acionado pelo nobre instrutor, e o quadro se alterara sobremaneira. O pequeno salão físico dos encarnados ia completando a sua lotação em meio à chegada dos assistidos vinculados ao estudo, que não se preocupavam com a manutenção da necessária harmonização interior. O burburinho das conversas paralelas, quase sempre em torno de assuntos menos edificantes e alheios ao trabalho desenvolvido, emprestava cores opacas ao triste quadro. Aqui e acolá víamos uma ou outra expressão de luz irradiada de estudantes que se mantinham vinculados à prece ou a uma leitura nobre. Não havia facilitadores no salão, os quais se encontravam ou a caminho da instituição, ou dentro da sala da coordenação das atividades. O contraste singular entre as duas realidades observadas por nós chamou a atenção dos caravaneiros, que desandaram a perguntar:

– Não há meios de melhorar o ambiente inicial de preparação para os trabalhos? – interrogou Sarita, comovida.

– Por que os facilitadores não ficam no salão juntamente com os assistidos? – perguntou o jovem sacerdote, surpreso.

– Haverá clima terapêutico para a assistência aos espíritos que estão em tratamento? – indagou o pastor irlandês, preocupado.

Bernardo, compreendendo a naturalidade das perguntas, apontou as imagens no telão e respondeu:

– Como veremos, a prece e a leitura iniciais nos ajudam a harmonizar o ambiente, porque também nos unimos aos pensamentos dos encarnados, formando poderoso elo magnético de depuração. Apesar do quadro que vemos, sempre passível de melhoria, não nos esqueçamos de que estamos dentro de uma fortaleza de luz em meio às trevas, portanto, protegidos de ataques deliberados de irmãos e falanges ainda imantados à perversidade no mundo. A realidade que assistimos nada mais é que a expressão do pensamento de irmãos que, iniciando esforços mais regulares em busca de evolução espiritual, ainda não compreendem a importância da disciplina diante do trabalho, a qual não representa força tolhedora da fraternidade, mas sim bênção de aquisição exclusiva e intransferível de cada espírito. Os poucos que se mantém em vibrações nobres, ajudando-nos o concurso, são exemplos de como se deve proceder em ambientes coletivos como este. Imaginem o quanto todos ganharíamos se esta atitude fosse repetida em cada um dos presentes?

Bernardo, manipulando o telão novamente, voltou às imagens anteriores de nosso plano, em que vimos os trabalhadores da arte executando melodias sublimes.

– A utilização de expressões artísticas na harmonização e na sensibilização, seja no estudo, seja no tratamento de irmãos necessitados, é um recurso bastante utilizado por nós, em nossa esfera. Por acessar as fibras mais voláteis do psiquismo humano, estimulando a libertação de emoções que podem ser nobres, pelo conteúdo exarado nas apresentações, a arte pode e deve ser estimulada em todas as atividades da Casa, desde que de forma sistematizada e integrada ao seu *modus operandi*. Ações neste sentido já estão em andamento no plano físico para que, um dia, essa importante ferramenta seja utilizada por nossos irmãos encarnados, assim como a utilizamos em nossa esfera. Para isso, a cultura interna da maioria dos dirigentes deverá sofrer uma ressignificação, em razão dos preconceitos milenares que a canalização dos potenciais artísticos vem sofrendo, fruto da extravagância dos próprios artistas no passado. É um caminho ainda longo para os irmãos encarnados, mas a persistência e a regularidade de alguns apressarão a marcha da conscientização coletiva da instituição quanto à importância das atividades artísticas, quer pelo apoio que prestem a outras, quer por seus objetivos próprios.

O instrutor fez breve pausa para novamente alterar as imagens do telão, e olhando para o jovem sacerdote, respondeu:

– Muitos dos facilitadores ainda se mantêm na postura de professores de escolas da Terra, onde há a separação clara entre aprendizes e instrutores. Esquecem-se, muitas vezes, de que todos estamos em aprendizado no mundo. Como pudemos observar em nossa esfera, os trabalhadores recebem um a um os estudantes, com um abraço sincero e com um sorriso no rosto, congratulando-se mutuamente pela oportunidade de servir. Já no plano físico, muitos dirigentes, sob a justificativa de necessitarem se deter na preparação inicial entre eles, a qual não deixa de ser importante para o fortalecimento da equipe, esquivam-se de estar presentes na abertura conjunta com os demais participantes dos trabalhos e nos seus momentos preliminares, olvidando a oportunidade de contribuir com a elevação do teor vibratório reinante, bem como de servir como exemplo aos assistidos, já que se tornam referências de conduta, pela importância das funções que assumem na Casa. No fundo, os que assim procedem expressam as suas dificuldades íntimas de disciplina e organização, porque não elaboram previamente o conteúdo das aulas e utilizam o tempo da abertura para isso, deixando a preparação conjunta com os assistidos-estudantes para o último plano das prioridades. Um dia compreenderão a extensão dos compromissos assumidos...

Estávamos todos concentrados nas respostas lúcidas e diretas do nosso instrutor, que continuava a fala, agora em direção às expressões sérias do pastor irlandês:

– Nada obstante, nossos irmãos em tratamento terapêutico são beneficiados por estarem aqui, porque, como disse, estamos mergulhados em luz no meio das trevas. Como veremos, eles adentrarão as salas de aula e captarão os conteúdos ministrados pelos encarnados, que contribuirão para o tratamento em que se encontram. Devemos lembrar que, apesar das dificuldades, o fato de nossos trabalhadores e assistidos encarnados estarem regularmente frequentando nossas atividades já demonstra grande vitória sobre suas atribulações do dia a dia e sobre suas mazelas morais. Isso, por si, já cria uma rede energética positiva à execução dos trabalhos.

A fala final das respostas do orientador coincidiu com a preparação do início dos trabalhos no plano físico, quando um irmão trabalhador foi convidado a ler nobre mensagem de esperança, exarada na obra Pão Nosso, do inesquecível trabalhador do Cristo, Emmanuel. Percebíamos que a aura do dedicado cooperador encarnado se expandia à medida que lia, com emoção, as letras do ensinamento evangélico. De sua boca jorravam jatos de luz que atingiam os assistentes e destruíam as vibrações menos nobres que os cercavam, o que contribuía para a harmonização coletiva em torno dos ensinamentos do Cristo, proporcionando uma verdadeira varredura na psicosfera reinante, que se alterava beneficamente. Durante a prece que se seguiu à explanação evangélica, o trabalho de "limpeza espiritual" foi completado pela irradiação de luzes provindas das palavras emocionadas de jovem estudante, que proferiu a oração em comunhão de pensamentos com os trabalhadores de nosso plano.

Observando que o esforço de nossos cooperadores era decisivo na higienização mental do lugar, com a aplicação de passes magnéticos aos encarnados, vimos todos se deslocarem às salas de aula, para iniciarem o aprendizado do dia.

– Acompanharemos – disse Bernardo – uma turma de estudantes isolada pelos nossos trabalhadores, tendo em vista as dificuldades que enfrentam de harmonia entre si. Depois, observaremos outra turma mais equilibrada, que nos serve como ponto de tratamento aos irmãos que vimos amparados pelos enfermeiros de nosso plano. Vejamos...

Deixamos a pequena sala para nos deslocarmos a uma das salas de aula, onde os irmãos encarnados iniciavam os estudos. De fato, o ambiente era percebido por nós como necessitado de isolamento, porque os estudantes, com raras exceções, entregavam-se a conversas paralelas e alheias aos estudos. O facilitador debalde pedia a concentração ao conteúdo, e ora era atendido, ora não. Durante as discussões acerca do assunto, víamos estudantes se confrontando verbalmente, notando que cada um lutava para que seus pontos de vista fossem aceitos pela turma, evidenciando a falta de humildade que ainda os caracterizava. Percebendo que os caravaneiros acompanhavam o andamento com surpresa, Bernardo tratou de elucidar:

– Os irmãos ainda encontram dificuldades de harmonização, necessitando de isolamento, como podemos ver. As disputas injustificadas pela detenção da verdade, por parte de alguns estudantes, interferem na harmonia do ambiente. Os facilitadores, à guisa de espírito democrático, deixam que as discussões alcancem um tom muito acirrado, o que gera desentendimentos velados. Todavia, tais desequilíbrios da turma, além de serem motivados pelas características pessoais, também são influenciados por outros motivos. Ampliemos o nosso campo de visão e observemos.

A pedido de nosso instrutor, aguçamos a nossa percepção e notamos que boa parte dos estudantes encarnados possuía um elo magnético que saía da sala em direção aos corredores da instituição, o que causou surpresa maior aos caravaneiros.

– Os assistidos-estudantes que vemos ligados pelo fio magnético – disse Bernardo – vieram acompanhados de espíritos infelizes, que de alguma sorte se imantaram a eles. Destas salas originam-se boa parte dos atendimentos de desobsessão que ocorrem nas reuniões paralelas realizadas em núcleos específicos de trabalho.

– Mas eles serão libertados desse vínculo pernicioso? – perguntou padre Marcelo.

– Na maioria dos casos, sim. – respondeu o instrutor – Mas devemos observar que muitas vezes esse vínculo é franqueado e estimulado pelos próprios encarnados, que atraem os sofredores com seus pensamentos desequilibrados. Dessa forma, não existe uma vítima e um algoz, mas sim dois doentes que se alternam, entre si, na condição passiva ou ativa, num vínculo danoso.

– Pensava eu que, ao adentrarem aqui, ficassem livres de tais influências, mesmo que momentaneamente – disse Carl, surpreso.

– É de se atentar – elucidou o bondoso Bernardo – que estamos falando de irmãos encarnados que já passaram por tratamentos mais ostensivos nesta instituição. Portanto, a influência que ora verificamos não se enquadra entre as situações de gravidade vistas na urgência. Evidentemente que tais companhias espirituais, ao chegarem, são prontamente identificadas quanto ao amparo demandado. Nessa oportunidade, em sendo o caso, recebem o isolamento fluídico necessário para se impedir a maioria dos transtornos que poderiam causar aos trabalhos desenvolvidos.

– Então estes estudos possuem abrangência maior que simplesmente a do aprendizado – disse Sarita.

– Exatamente! – completou o orientador – Aqui o tratamento prossegue. É claro que o ideal seria que nossos irmãos estivessem colaborando conosco no tratamento dos enfermos com a atitude mental equilibrada, como veremos na outra turma a ser observada. Mas temos a consciência de que eles já são vencedores de si mesmos por conseguirem ter chegado até aqui, pois a maioria dos motivos de absenteísmo aos trabalhos é causada por este tipo de influência, que leva ao desânimo os estudantes e, em alguns casos, os próprios facilitadores.

– Mas o que acontece nos casos em que os estudantes saem daqui ainda imantados às influências? – voltou a indagar o jovem sacerdote.

– Infelizmente voltarão aos seus lares levando o fardo que se dignaram a carregar! Se conseguirem mudar o padrão vibratório, podem até se livrar da influência. Do contrário, a tendência é que a aproximação se desenvolva até os sintomas de obsessão ostensiva, quando terão que ser afastados temporariamente, até se curarem das patologias da alma.

– Há a clara percepção dessa influência por parte dos encarnados? – questionou Carl.

– Quase sempre, não. Como disse, na maioria dos casos conseguimos levar os pobres irmãos infelizes ao tratamento em nosso plano, libertando os encarnados, que não notam o que fazemos. Geralmente, quando isso ocorre, saem experimentando um sentimento de leveza de espírito, de agradável sensação de bem-estar. É por isso que insistimos com os encarnados para que se esforcem na vigilância e na oração, bem como no comparecimento às atividades, principalmente quando perceberem que o desânimo e a falta de motivação os cercam, pois quase sempre tais sintomas são a comprovação de influências espirituais.

Dito isto, nosso instrutor nos conclamou a segui-lo em direção à outra turma de estudo, onde o quadro mudava significativamente. O grupo de estudantes encarnados emitia sinceras energias salutares, provenientes do pensamento concentrado no conteúdo nobre e da alegria de estarem juntos, estudando os temas edificantes. A condução do facilitador revelava seu alto grau de preparo para o mister, bem como sua satisfação e bem-estar por servir à causa do Cristo. As vibrações salutares inundavam o ambiente e eram aproveitadas pelos trabalhadores de nosso plano, tanto no acolhimento daqueles que tinham finalizado o tratamento e iniciavam novo estágio em nossa Casa, agora na condição de alunos, quanto no auxilio àqueles irmãos que vimos nas macas, acompanhados dos enfermeiros do hospital. Contávamos quase o triplo de espíritos atendidos em nosso plano em relação ao número de encarnados, que totalizava dez pessoas.

A extensão do trabalho não era percebida pelos irmãos do plano físico, mas podíamos notar que os nossos cooperadores se utilizavam dos fluidos gerados no ambiente para o restabelecimento perispiritual dos convalescentes, que despertavam tranquilos e agradecidos, muitos agora percebendo que os anjos do Senhor os tratavam com desvelo e amor. Ao contrário do que víamos na sala anterior, o comportamento dos integrantes da turma, conduzida habilmente pelo facilitador, proporcionava-nos os recursos para a ajuda aos espíritos em tratamento, como também àqueles que, ligados mentalmente com os invigilantes encarnados, de alguma sorte eram trazidos, os quais, ao se depararem com o conteúdo nobre dos estudos e com a luz salutar que se espraiava no ambiente, eram tocados de arrependimento e libertados dos sentimentos nocivos, conscientes ou não, que os prendiam aos obsediados.

Surpresos, os caravaneiros voltaram a perguntar:

– Estaria o motivo de tamanha diferença entre as turmas no mérito do facilitador ou dos irmãos estudantes? – perguntou Carl.

– Das duas partes. – disse Bernardo, em resposta direta – O facilitador possui o domínio da turma, com cujos membros estabeleceu laços de amizade que vão além dos muros físicos da sala de aula. Interessa-se em se colocar à disposição dos seus tutelados, incentivando-os à prática do bem, estabelecendo atividades de integração em que a fraternidade entre os membros é estimulada, bem como criando uma rede de solidariedade interna, na qual cada um procura se colocar à disposição do outro, percebendo quando o colega precisa de uma palavra amiga e sincera, quando se ausenta injustificadamente da atividade ou quando simplesmente pede socorro de preces, por um ou outro motivo particular. A turma, portanto, exercita na prática essa comunhão de pensamentos, sendo raros os casos em que não oram diariamente uns pelos outros, na intimidade de seus lares.

– Os espíritos infelizes que vimos chegar e sair são provenientes também das referidas reuniões paralelas de desobsessão? – indagou Sarita.

– Sim! – Bernardo respondeu de pronto – Eles são trazidos geralmente a pedido deles mesmos, porque se sentem arrependidos pelas oportunidades que perderam na última jornada física. Muitos se imantam aos estudantes de turmas como esta, equilibradas, porque veem neles veículos de sua libertação.

– Mas, nesses casos, não se trata também de influências perniciosas e nocivas? – Perguntou padre Marcelo, demonstrando interesse.

– E por acaso Jesus era acompanhado de anjos quando caminhou nas lides terrenas? Não O seguiam ladrões, prostitutas, adúlteros e todo tipo de doente de corpo e de alma? Nem por isso Ele era um obsediado. O equilíbrio mental, acompanhado pela instrução e preparo, faculta aos nossos estudantes a percepção de quando estão sendo acompanhados por espíritos necessitados de luz e de atendimento. Já notaram que seus estados íntimos se alteram com o aparecimento da melancolia injustificada, tristeza sem motivos, dores diversas e repentinas. Quando isso ocorre, percebem que mais do que nunca precisam comparecer aos compromissos nesta casa, pois é a indicação de que estão sendo utilizados como instrumentos divinos de auxílio a muitos infelizes. Oram e são protegidos, quando normalmente conseguem colaborar, trazendo estes irmãos sofredores ao tratamento que vemos. A maioria dos atendidos, depois de curados, permanece vinculada aos estudos destas salas, junto aos cooperadores de nossa esfera.

De fato, a atividade era intensa naquela sala, e nitidamente contribuía para que os benefícios de muitas outras atividades da Casa fossem distribuídos aos necessitados. Os convalescentes despertavam, os obsessores se libertavam e os necessitados de amor eram integrados aos trabalhos. Bernardo, demonstrando que iria finalizar as observações, ainda prosseguiu explicando outros detalhes importantes das atividades:

– Dia chegará em que estaremos vibrando de forma uníssona nos dois planos da vida, compreendendo todos nós que o trabalho com o Cristo exige renúncia e esforço constantes de preparação íntima, de combate aos entraves da evolução e de conhecimento de si mesmo. Todos estes irmãos que vemos – continuou Bernardo com os olhos marejados – são criaturas muito caras aos nossos corações, pelos quais temos enorme carinho e amor, independentemente de já conseguirem ou não contribuir conosco. O fato de estarem compartilhando as bênçãos enviadas pelo Senhor Jesus nesta Casa, para nós é motivo de imensa alegria, que nos emociona sobremaneira. Quantos aqui, assim como nós outros em passado não muito longínquo, não são os perseguidores de antanho, das cruzadas, das inquisições ou dos descimentos amazônicos? Quem de nós pode ousar negar guarida, se nós próprios fomos acolhidos imerecidamente pelos trabalhadores do Cristo, em demonstração inequívoca de sua imensa misericórdia, já que nos encontrávamos atolados na lama de nossos erros? Não, meus irmãos, não temos esse direito de negar-lhes o acolhimento, a oportunidade do estudo e da convivência com os conteúdos nobres que lhes franqueiam a passagem à transformação de suas vidas para sempre. Não por outra causa que insistimos com os valorosos facilitadores na necessidade de ampliarem as suas percepções, de forma a abranger e captar a nossa presença, que não é eventual, pelo contrário, é ostensiva e constante. Eventual é a participação dos encarnados nos trabalhos como um todo.

A pausa do emocionado orientador nos fez também perceber que todos nós o acompanhávamos nas lágrimas sinceras. Olhando para o facilitador daquela sala de estudo, voltou a comentar:

– Em particular, os facilitadores dos estudos possuem grandes responsabilidades, como vimos, e tais compromissos vão além das fronteiras das cenas objetivas que aqui presenciamos. A maioria dos que se habilitam à transmissão dos conhecimentos espíritas são os náufragos do passado, no uso da mediunidade e da utilização dos recursos da Doutrina Espírita como meio de enriquecimento ilícito, autopromoção ou mesmo de charlatanismo. Cansados de vagar na erraticidade inferior, receberam a oportunidade bendita de resgatar dívidas contraídas quando se embrenharam na condução equivocada de atividades espíritas na região amazônica. Estagiam aqui, fazendo deste quadrilátero sagrado, âncora de salvação nestes tempos de seleção para a Nova Era. Muitos se apegam ao mister com esmero e responsabilidade, enxergando a misericórdia do Cristo operando em suas vidas. Outros, todavia, ainda recalcitram, caminhando na curva senoidal dos altos e baixos teores energéticos e vibracionais de seus espíritos. Independentemente da faixa evolutiva em que se encontram, cabe-nos amá-los e ampará-los, guiá-los e orientá-los com o que os nossos parcos recursos permitirem, para que não se tornem como a figueira que não estava repleta de frutos quando o Senhor "teve fome"[67] e para que, em virtude disso, seus galhos não sequem, tendo que esperar novo período de germinação e produção. O único fato real, meus irmãos amados, é que o amor que nos entrelaça a eles é bem maior que o que nós próprios podemos compreender.

Bernardo encerrou as explanações enxugando as lágrimas que jorravam de seus olhos, sendo acompanhado por todos nós, sem exceção. Como último recurso de observação, pediu que o acompanhássemos na vinculação ao irmão encarnado que se preparava para proferir a prece de encerramento. Aproximando-se do jovem estudante, com a destra em sua fronte, Bernardo proferiu a prece, que saiu também ouvida no plano físico, por meio das palavras do estudante:

---

[67] **Nota da Editora**: Mt 21:18-20.

– Senhor Jesus, o sentimento de gratidão que temos por tuas ações para conosco ainda é muito pequeno em relação ao tanto que Tu nos concedes, pela tua imensa misericórdia. Enquanto ainda vacilamos na fé, caindo e levantando, Tu, Senhor, continuas a nos abençoar, amparando-nos com oportunidades sublimes, como esta, de estarmos frequentando esta Escola do Bem. Ainda nos sentindo muito enfraquecidos, pelos milênios em que nos envolvemos no erro, porfiando contra os teus desígnios, Jesus, elevamos as súplicas de nossos corações implorando-Te, ainda mais, o amparo no fortalecimento de nossa fé diante das dificuldades, bem como na ampliação de nossa coragem quando o testemunho nos surgir, para que então possamos honrar tudo aquilo o que aprendemos. Ampara-nos, Senhor, abençoando esta Casa e seus trabalhadores das duas dimensões, no intuito de que estejamos todos juntos na próxima oportunidade de prosseguimento dos trabalhos que aqui temos a honra de participar.

Ainda tocados pela emoção, despedimo-nos do bondoso instrutor, abraçando-o efusivamente e agradecendo pelos rápidos momentos de colaboração. Enquanto a noite surgia alta, emoldurada pelo brilho do luar e das estrelas que luziam no zimbório espacial, Raphael nos encaminhava ao interior da Casa Bendita, para prosseguirmos a nossa jornada de aprendizado com os caravaneiros, cuja programação seguia no rumo planejado.

Trabalho para o Exercício do Amor

Capítulo IX

Voltamos à sala de estudos, que ficava no último pavimento de nossa Casa, em nosso plano, onde fomos orientados por Raphael quanto aos passos posteriores do aprendizado. No dia seguinte, iríamos acompanhar um trabalho prático de assistência executado pelos encarnados no plano físico, mas que era utilizado pelos trabalhadores de nossa esfera como recurso de resgate de espíritos infelizes. Todavia, antes nos eram necessárias algumas horas de pausa para refazimento porque nos encontrávamos mergulhados na crosta, que sempre nos exigia maiores cotas de esforço energético. Assim o fizemos, recolhendo-nos aos leitos previamente preparados para isso. Foram pouco mais de quatro horas de repouso, o suficiente para retomarmos a energia necessária ao equilíbrio dos nossos corpos perispirituais.

Os três caravaneiros apresentaram-se alegres e felizes, contando-nos suas experiências durante o descanso reparador, momento em que todos nos projetamos a regiões ou ambientes onde situamos nossa expectativa de felicidade, ou, ainda, a campos de trabalho, quando assim nossos mentores desejam[68]. Sarita, a mais radiante de todos os convidados, contou-nos que visitou uma região da Floresta Amazônica guardada por uma tribo de índios desencarnados, que se esmeravam na orientação e proteção de seus irmãos, que hoje lutam para sobreviver no plano físico. Disse-nos ela que a experiência foi maravilhosa, e que havia sido apresentada à espiritualidade superior vinculada aos indígenas da região, os quais experimentavam momentos de intensa violência contra seus valores e costumes, o que os motivavam erroneamente à reação também violenta. Os mentores espirituais indígenas explicaram que, dadas as circunstâncias, a luta deverá prosseguir, e que o trabalho de conscientização precisa ser mais ostensivo para aqueles que atualmente detém o poder temporal, estimulando-os à mudança do olhar em relação aos indígenas, considerando a perspectiva da inclusão social e não de isolamento, tendo em vista a necessidade de progresso.

Irmão Marcelo, por sua vez, contou-nos que visitou a comunidade católica Salesiana da região, onde pôde conhecer a história de todo o trabalho de irmãos e irmãs conduzidos pelo Santo da Itália[69]. Citou o nome do padre Agostinho

---

[68] **Nota da Editora**: o Espírito André Luiz, pela segura mediunidade de Francisco Cândido Xavier, tratou do assunto na obra "Nosso Lar", capítulo 26, entitulado "O sonho".

[69] **Nota da Editora**: o autor se refere a Giovanni (João) Melchior Bosco, popularmente conhecido como Dom Bosco, o fundador da Congregação Salesiana. Nasceu em 16/8/1815 (Becchi, Itália) e retornou ao mundo espiritual em 31/1/1888 (Turim, Itália). Foi beatificado pelo Papa Pio XI em 1929 e canonizado em 1934 pelo mesmo pontífice.

Caballero[70], que foi quem o guiou até os inúmeros núcleos de trabalho na região amazônica, explanando os projetos de futuro, que também seguem os rumos do entendimento ecumênico, de renovação de ideias e de preparação aos novos tempos que surgem céleres.

O pastor Carl, por sua vez, foi levado até uma missão evangélica que estava instalada às margens do Rio Amazonas há muitos anos, cuja direção é conduzida por irmãos vinculados à colônia de missionários norte-americanos, que desenvolvem trabalhos voluntários no meio da floresta. Situada à entrada de um grande lago nos arredores de Manaus, a missão, no plano espiritual, tem o propósito de aproximar as culturas dos dois continentes e, principalmente, de sensibilizar os norte-americanos quanto à necessidade do envolvimento construtivo na campanha mundial de preservação da Floresta Amazônica.

Após o compartilhamento das interessantes experiências dos três caravaneiros, irmão Raphael retomou a condução dos trabalhos de instrução, apresentando a próxima fase:

---

[70] **Nota da Editora**: Padre Agostinho Caballero Martin foi um sacerdote salesiano que serviu no Colégio Dom Bosco, em Manaus, desde o início dessa respeitável instituição de ensino. Nasceu na Espanha, na Aldeia D'Ávila, Província de Salamanca, em 28/8/1882. Mudou-se para Buenos Aires (Argentina) quando tinha 12 anos e lá se ordenou padre, tendo obtido formação tanto em Teologia quanto em Pedagogia. Mudou-se para Manaus em 1921 e, desde então, atuou como professor (aritmética, latim, história da civilização), sacerdote e cidadão sempre atuante em prol dos interesses coletivos, especialmente os relativos à educação e à formação de jovens. Descrito como dinâmico, ativo, meticuloso, enérgico, generoso, humilde, angariou na cidade grande respeito, sendo sua memória seja reverenciada como um benfeitor da cidade, onde desencarnou em 19/12/1962.

– Iremos hoje acompanhar um grupo de irmãos encarnados envolvidos em uma atividade de apoio ao exercício do amor em nossa instituição, verdadeiro laboratório de caridade, sensibilizador dos espíritos mais endurecidos. Assim ocorre porque tais trabalhadores não somente lidam com as dificuldades espirituais dos assistidos, mas convivem com as mazelas da pobreza social a que estes se entregaram ou a que foram conduzidos ao longo da vida. Trata-se da atividade da Sopa Fraterna, como é conhecida entre os encarnados. Caminhemos até lá...

O sol iniciava a irradiar sobre a crosta os seus primeiros raios, aquecendo a vida e proporcionando a sua renovação, desde o micro até o macro-organismo que dela dependem. Os pássaros pareciam adivinhar que nossa Casa recebia os visitantes ilustres, porque cantavam alegres suas melodias únicas, misturando-se os silvos de cada um, mas unindo-se em harmonia bela e benfazeja aos nossos espíritos. A natureza queria nos abençoar as intenções nobres.

Chegamos ao local destinado ao preparo da sopa, quando fomos apresentados ao irmão Manoel, coordenador da atividade em nosso plano, que já nos aguardava com um sincero sorriso no rosto. Após a troca de efusivos agradecimentos entre nós, ele nos falou do roteiro que iríamos seguir, começando pelas origens do trabalho:

– Esta atividade – tal como ocorreu e ocorre, também, em diversos lugares do país – foi uma das primeiras que organizamos para executar com os irmãos encarnados. A distribuição de sopa tem sido, geralmente, entre os espíritas, a providência inaugural daqueles que iniciam a busca, na prática, por exercitar o amor. Regularmente, todos os que se vinculam a tais iniciativas são convidados a conviver com as mazelas alheias, fruindo a oportunidade de se sensibilizarem quanto à importância da valorização da vida que levam e dos recursos de que dispõem, bem como quanto à necessidade de compartilhamento de tais bênçãos. Esta é uma das visões mais aparentes do trabalho.

– Por quê? – indagou Sarita, curiosa – Existem outros cenários além do exercício da caridade e da sensibilização do trabalhador?

Manoel sorriu e olhou para Raphael com ternura no olhar. Apesar da aparência jovem, seu rosto indicava experiência nos círculos do trabalho com amor. Estendendo a mão até a irmã freira, olhando em seus olhos, respondeu com ternura:

– Minha irmã, o trabalho que vemos no plano físico é um dos meios de estimularmos os encarnados ao exercício do amor, mas é apenas uma imagem pálida do que realmente acontece em nosso plano. A Sopa Fraterna não representa apenas alimento para o corpo ou veículo de aprendizado aos encarnados, mas é um dos instrumentos que utilizamos para a libertação de muitos irmãos necessitados de amparo, orientação e amor.

Manoel fez uma pausa, apontando os primeiros encarnados que chegavam ao local para o início dos trabalhos, quando continuou a explicar:

– Além de se melhorarem pelo contato com o amor em movimento, nossos irmãos encarnados também recebem atendimento, pois muitas vezes trazem consigo companhias espirituais com as quais têm débitos do passado e também aquelas que atuam como adversárias da causa. Como poderão observar, a assistência espiritual é muito grande neste trabalho, pela diversidade de situações que encontramos em cada trabalhador ou assistido.

De fato, à medida que chegavam os encarnados, o grupo de desencarnados também aumentava, sendo recebidos pelos trabalhadores de nosso plano, para se posicionarem como trabalhadores, assistentes ou assistidos na atividade. Muitos recebiam o atendimento de imediato, sendo encaminhados ao hospital, enquanto que outros ficavam sob monitoramento dos trabalhadores, para atendimento posterior, pois ainda não estavam em condições de receber tratamento mais específico. No momento da abertura das atividades, quando a coordenadora encarnada realizava sentida prece de agradecimento, contávamos em torno de dez encarnados, mas quase cem entidades espirituais, que de alguma forma estavam ligados à causa, fosse como trabalhador ou como atendido. Notamos que algumas entidades se apresentavam como maltrapilhos, mas aparentemente exercendo funções de apoio junto aos cooperadores. Captando as indagações de que éramos portadores, Manoel elucidou:

– Estes irmãos são ex-moradores de rua que foram atendidos pelos encarnados, e que hoje, após o desenlace solitário na Terra, foram agraciados com o resgate pela nossa casa. Porque a atividade os ajudou no momento dos sofrimentos, decorrentes de seus transes durante o fenômeno da morte, e apoiados pelas lembranças dos ensinamentos espíritas obtidos neste trabalho, procuram demonstrar o sentimento de gratidão vinculando-se a ele. E apresentam-se com os trajes que utilizavam, segundo eles, em respeito aos atendidos no plano físico.

– Mas isso importa aos objetivos? – perguntou Carl, revelando curiosidade.

– Ao se apresentarem como iguais, mas com a luz facultada pela fé que já possuem – respondeu Manoel – inspiram, em alguns resgatados, o sentimento de segurança e confiança, o que nos facilita o trabalho, pois que se entregam mais facilmente à condição de assistidos.

Após acompanharmos, com sentimento de respeito, a prece da orientadora encarnada, fomos observar os preparativos da sopa. Notávamos que parte do conteúdo a ser distribuído estava pronta desde a noite anterior. Nossos trabalhadores envolviam os encarnados para isolar-lhes as vibrações, intuindo-lhes sentimentos nobres e pensamentos edificantes. Ao passo que a atividade ia sendo realizada, Manoel ia explicando:

– O trabalho aqui nunca deve obedecer somente ao mecanicismo dos procedimentos culinários, porque o verdadeiro alimento que fará a diferença será o amor com o qual os trabalhadores se revestirem durante a atividade. Sem esse sentimento, a sopa alimentará o corpo, pouco contribuindo para o estado íntimo da alma. Além do mais, o propósito maior é o exercício do bem, por parte dos trabalhadores encarnados, que são, na verdade, os maiores assistidos desta atividade. Sem essa motivação, os resultados são inócuos. Vejamos...

Irmão Manoel apontou uma trabalhadora que parecia refratária às influenciações dos mentores de nossa esfera, isolada que estava das vibrações do ambiente. Entregava-se a pensamentos oriundos de seus problemas individuais, das dificuldades no relacionamento com o marido e com os filhos, o que a distanciava dos seus pares trabalhadores, tornando-a alheia aos benefícios das energias provenientes do trabalho. Notando que os caravaneiros se sensibilizaram com a condição da cooperadora encarnada, Manoel tratou de explicar:

– É comum este quadro que vemos entre os encarnados. Em quase todos os dias de atividades, um ou outro colaborador encontra-se neste estado de isolamento, pela emissão de seu psiquismo. Todavia, ficamos muito felizes porque conseguem chegar até aqui, pois muitos ficam pelo caminho, sem forças nem ânimo para se vincular ao trabalho libertador.

– E como tratar esta irmã? – perguntou Sarita – Ela continuará isolada dos demais?

– Temos alguns recursos. – disse Manoel – Esperamos que ela mude a vibração...

Manoel chamou um de seus liderados, sugerindo-lhe que envolvessem os trabalhadores com os recursos da musicoterapia. De pronto, o cooperador espiritual se aproximou da coordenadora dos trabalhos no plano físico e cantou uma singela música, no que foi instantaneamente seguido pela encarnada. Em poucos segundos, todos os trabalhadores da esfera física cantavam em uníssono.

A cena que se seguiu foi belíssima! Enquanto se juntava aos seus pares, entoando a música de que gostava no íntimo, a irmã que se encontrava isolada passou a ser grandemente beneficiada. As emanações advindas do elo energético que se formou quando cantavam o hino de louvor a Jesus dissiparam as emissões danosas provindas da trabalhadora em dificuldades, que logo foi se sentindo mais disposta e otimista diante dos problemas íntimos. Pensou que tais problemas deveriam ser tratados, mas que aquele momento não era oportuno para se envolver com eles, pois precisava vibrar junto com os companheiros, para ser útil ao trabalho.

Percebendo a expressão de admiração dos caravaneiros diante do auxílio terapêutico da música, Manoel explicou:

– Neste caso, a música está funcionando como verdadeira prece endereçada ao mais alto, fortalecendo a todos nós, pela canalização uníssona das vibrações nobres que a mensagem contida na letra nos oferece. Emitimos e recebemos, pedimos e obtemos...

– Mas então este recurso maravilhoso não deveria ser procedimento utilizado?! – perguntou Sarita, encantada com o resultado prático da arte.

– A sistematização sem emoção quase sempre produz resultados inócuos. – disse Manoel – Cantar por cantar é a mesma coisa que repetir orações por hábito, sem estar envolvido com as palavras. Neste caso em que vemos, a terapêutica musical está funcionando porque os trabalhadores realmente estão envolvidos, emocionando-se com a letra e a melodia da canção, e emitem o resultado de suas emoções em benefício de todos.

– Então, o mesmo se dá com a prece ou a leitura de mensagens iniciais antes dos trabalhos? – perguntou Carl.

– Sim! – respondeu o orientador, de pronto – Estimulamos nossos irmãos ao exercício da leitura edificante e da prece, como nos recomendou Kardec, porque é o meio seguro de vinculação salutar. Todavia, se todos os integrantes do grupo lerem sem envolvimento e orarem sem verdadeira emoção, infelizmente a ação pouco contribuirá para a harmonização. A prece cantada, encenada ou falada será sempre eficaz na proporção dos sentimentos sinceros de quem a executa.

De fato, naquele caso em observação, a música conseguiu harmonizar mais que a leitura e a prece iniciais. Víamos nitidamente o envolvimento dos encarnados com o sentimento expressado no conteúdo da letra musicada. A irmã, beneficiada pela ação proposta por Manoel, logo se integrou harmoniosamente às vibrações de seus companheiros, modificando-se.

Notamos também singular fenômeno: a energia resultante das vibrações dos irmãos encarnados era utilizada pelos trabalhadores de nosso plano para a fluidificação da sopa, que absorvia os benefícios energéticos, acumulando-os. O processo era similar à fluidificação da água, quando das atividades que incluíam a fluidoterapia nos dois planos.

– O caldo caridoso levará alimento ao corpo físico de acordo com as necessidades, mas também levará a energia benéfica produzida pelas emanações caridosas de nossos irmãos, que vibram positivamente neste momento, colaborando e facilitando o nosso concurso. Como veremos mais adiante, estes fluidos salutares são muito importantes no processo de libertação de muitos companheiros infelizes – elucidou Manoel.

Admirando o maravilhoso engenho espiritual sendo processado, todos nós acompanhamos nossos trabalhadores no direcionamento dos fluidos benéficos até as panelas com sopa. Convidados por Manoel, integramo-nos ao trabalho, colaborando ao mesmo tempo em que aprendíamos, juntamente com os irmãos caravaneiros, que expressavam em seus olhos brilhantes o júbilo da oportunidade de servir.

Após a atividade de preparação estar concluída, a equipe de encarnados responsável pela distribuição da sopa prontamente se mobilizou para iniciar o procedimento de transporte das panelas cheias. Convidados por Manoel, adentramos um veículo de nossa casa e seguimos nossos irmãos das duas esferas, rumo ao trabalho caritativo. A caravana que se formou era muito grande, principalmente em nosso plano, onde aproximadamente a metade dos trabalhadores que se encontrava na atividade de preparação se encaminhou aos veículos, seguindo rumo aos assistidos daquele exercício de amor.

Os veículos continuaram juntos até certo ponto do caminho, quando se separaram, indo cada um até os locais específicos, previamente combinados, onde os assistidos encarnados já se habituavam a participar da atividade da sopa, semanalmente, naquele dia e hora. Nós outros seguimos uma das equipes de irmãos na esfera física, que se deslocou para a região central da cidade, em uma praça de grande movimentação de pessoas em dias úteis, mas que, aos domingos, naquele horário, recebia poucos frequentadores, dentre eles os irmãos moradores de rua. Ao perceberem a chegada dos cooperadores do plano físico, aos poucos, cerca de doze assistidos se reuniram para receber atendimento fraterno e tomar a sopa. A maioria já era conhecida dos trabalhadores, pois que eram tratados pelos irmãos, com fraternidade e carinho, sendo chamados pelo nome.

Em nossa esfera a visão espiritual era bem mais ampla. Além dos doze encarnados, víamos um séquito de mais de cinquenta espíritos vinculados àquele grupo, verdadeiros mendigos espirituais, amplamente alienados de nossa presença, mas que se imantavam aos infelizes encarnados, a maioria dos quais viciada no consumo de álcool. Quando viram que seus pares iriam receber a dose semanal de apoio, agitaram-se e investiram contra as vítimas de suas influenciações, tentando demovê-los da atitude, pois temiam perder os seus canais de viabilização da manutenção de seus vícios. Todavia, a fome dos infelizes moradores de rua era mais forte que o poder de influência de seus algozes invisíveis.

– O trabalho que a nós compete é o de resgate de alguns desses irmãos equivocados no proceder, viciados que são. – disse Manoel, com nítido sentimento de compaixão – Entretanto, o trabalho não é fácil, pois nossos irmãos encarnados entregam-se ao vício do álcool, que os entorpece, e, inibindo as ações conscientes, anulam em poucas horas o trabalho que aqui realizamos.

– Mas, então – interrompeu padre Marcelo – qual a utilidade desta atividade, se não consegue manter-se eficaz junto aos assistidos?

– Como eu disse, – respondeu Manoel, sereno – essa atividade funciona como um laboratório de exercício do amor para os irmãos trabalhadores encarnados, que são os maiores beneficiados com o trabalho. Mas na obra de Deus nada é inútil, tudo tem um fim nobre. Nas poucas horas em que os irmãos infelizes se mantêm sob os efeitos benéficos desta atividade, conseguimos libertar um ou outro espírito entorpecido, cansado de sofrimento, que normalmente se entrega, quando tocado pelas lembranças de um passado em família que teve, motivado pelas mensagens e ensinamentos que aqui são facultados. Vejamos...

Observamos que, não obstante a tentativa dos obsessores de impedir os encarnados de aproximarem-se das atividades, quase todos os moradores de rua acercaram o veículo onde ficava baseado aquele grupo de benfeitores encarnados. Após as iniciais atitudes de acolhimento fraterno, o responsável pelo grupo convidou a todos à concentração em torno da prece de agradecimento a Deus pela oportunidade do convívio naquela manhã ensolarada. A emoção com que o colaborador encarnado se revestiu enquanto proferia a oração tocou-nos, quando observamos que também atingia o íntimo de alguns assistidos, mais propensos ao atendimento.

– Muitos destes irmãos são contumazes frequentadores desta atividade semanal, que funciona como verdadeiro remédio em conta-gotas para suas almas – disse Manoel, auxiliando a nossa compreensão.

De fato, notávamos que os efeitos da prece eram singularmente mais eficazes naqueles que já conseguiam acompanhar mentalmente as palavras do orador, facilitando o recebimento dos benefícios do momento. Após o instante da prece, outro trabalhador encarnado leu um trecho do Evangelho de Jesus, relativo à parábola do Bom Samaritano[71], que depois foi interpretada à luz da Doutrina Espírita de uma forma simples, a fim de facilitar a compreensão pelos assistidos, que ouviam a explicação com o interesse permitido pelas suas condições espirituais. Ao final da inter-

[71] **Nota da Editora**: Lc 10, 30-37.

pretação evangélica, e fraqueada a palavra aos irmãos de rua, uma das observações provindas de um dos irmãos que mais se conectava mentalmente com o trabalho chamou-nos a atenção positivamente:

– Para mim – disse o assistido – vocês são os nossos bons samaritanos!

Desconcertados pela afirmação do atendido, que a todos emocionou pela espontaneidade, os trabalhadores agradeceram a deferência, mas lembraram que o verdadeiro mérito da atividade pertencia a Jesus, pois que Ele e seus trabalhadores do bem dirigiam todas aquelas ações. Finalizando o rápido envolvimento dos encarnados em torno do Evangelho, a prece de encerramento foi proferida por uma cooperadora do plano físico, que a fez com sentida emoção. Logo em seguida, a sopa foi servida fartamente a todos os irmãos presentes, momento em que pudemos acompanhar a atividade intensa dos trabalhadores de nosso plano no resgate de alguns daqueles espíritos infelizes e sofredores que se imantavam aos encarnados, processo esse possibilitado pela disposição favorável de alguns destes, associada ao efeito da palavra evangélica.

Enquanto os assistidos tomavam a sopa, percebíamos os benefícios que os fluidos salutares causavam às suas estruturas perispirituais. As ligações energéticas que os imantavam aos espíritos infelizes se enfraqueciam, permitindo que os auxiliares de nossa esfera, principalmente aqueles que se apresentavam com a aparência de maltrapilhos, pudessem ser percebidos pelos obsessores inconscientes. Muitos se assustavam com a luz irradiada, fugindo uns, mas outros se entregavam chorosos, clamando pelo resgate e pelo perdão, implorando o amparo e o término de seus sofrimentos.

Convenientemente recebidos com fraternidade cristã, os necessitados recém-libertados eram levados aos veículos-ambulâncias, sendo tratados com os primeiros socorros para depois serem encaminhados à Casa Bendita. Notávamos que, à medida que alguns irmãos eram libertados, os moradores de rua experimentavam imediato bem-estar, mas atribuíam o benefício ao consumo da sopa, que lhes tirava a fome do momento.

– Os irmãos resgatados não poderiam ser atendidos sem o concurso físico dos fluidos da sopa? – perguntou Carl.

– Nestes casos – respondeu Manoel, solícito – a libertação se dá pelo conjunto dos benefícios da atividade, sendo a sopa um dos mecanismos que auxiliam. Se puderam notar, ao final da atividade, a coloração energética dos atendidos mais diretamente beneficiados mudou por completo, o que demonstra a influência salutar do trabalho aos seus organismos perispirituais. De certa forma, acontece aqui o mesmo que ocorre em muitas atividades de nossa instituição no plano físico, nas quais o processo de libertação se opera em concomitância às atividades em que os assistidos participam, seja de estudo, de tratamento, do diálogo fraterno, da enfermaria, dos trabalhos administrativos e tantos outros.

– De fato – disse Sarita – a alteração da coloração da aura de nossos irmãos é significativamente para melhor! Mas eles voltarão a ser atacados pelos infelizes que fugiram assustados? Não há casos em que a libertação no plano físico seja efetiva, com o abandono das ruas e a reintegração à sociedade como cidadãos comuns?

– São raros os casos de reintegração. – disse Manoel – Em primeiro lugar, pela própria atitude mental dos irmãos doentes pelo vício, que acabam atraindo os seus pares espirituais, em um processo de obsessão mútua. Em segundo, porque a própria sociedade ainda é muito preconceituosa e não se predispõe a criar ambientes adequados de acolhimento, reeducação, tratamento e qualificação dos indigentes, a fim de que retornem aos círculos sociais dignos. Falta a mudança do íntimo das pessoas para que as instituições públicas ou privadas, empresas ou outras organizações priorizem o tratamento a essas chagas sociais que geram diversos problemas.

– E as instituições benemerentes? – questionou o jovem sacerdote – Não são muitas a cuidar desses casos?

– Não em número suficiente. – disse o instrutor – Há casos isolados de entidades destinadas a esse mister, mas trabalham sempre mendigando recursos que costumeiramente são insuficientes para o atendimento às demandas. Esperamos que, a longo prazo, haja significativa redução desse contingente de mazelas sociais, com a ampliação das oportunidades de educação. A ausência destas – grande débito social de nosso país – aliada às questões de resgates cármicos é o que gera tanto sofrimento.

balho de distribuição se encerrou naquele dia, a sopa serviu de alimento para o corpo físico dos atendidos, como almoço que lhes sustentaria durante a jornada diária. Mas eram nítidos os benefícios espirituais no tríplice aspecto: a aplicação do remédio em conta-gotas, como disse Manoel; a libertação de vários espíritos infelizes, que seguiram novos rumos de trabalho em torno da própria felicidade; e o exercício do amor que os trabalhadores encarnados experimentavam, habilitando-os a também se libertarem de suas aflições íntimas, pela vinculação à caridade na prática ostensiva e à autoajuda, com isso construindo, em base sólida, o caminho de suas venturas, apoiados na promessa do Cristo de que colherão aquilo o que plantarem.

Os trabalhos encerraram-se para nós após a volta à instituição do plano físico, onde os trabalhadores da Sopa Fraterna ainda se confraternizaram uma vez mais, comentando os benefícios auferidos. Dispersaram-se felizes para as suas casas, enquanto nós outros éramos orientados a utilizar o tempo restante do dia como nos aprouvesse. Recolhemo-nos, cada um ao seu modo, aproveitando o período da "folga" para meditarmos em torno de tudo o que vínhamos observando naqueles intensos dias de instruções, quando se buscava cumprir integralmente as determinações do Senhor.

Últimos Aprendizados

Capítulo X

Naquela noite de recesso de nossas atividades de instrução aos caravaneiros, fomos gentilmente convidados por Mário Jorge e Marisa a acompanhá-los na programação das atividades artísticas, que se desenrolaria durante o período noturno no grande auditório "Amazônia". Fomos grandemente agraciados, pois estávamos recebendo uma companhia de irmãos artistas que circulava entre as plagas espirituais e que apresentava a magistral obra "O Guarani", do inesquecível maestro brasileiro Carlos Gomes, um dos missionários precursores no chamamento dos olhares humanos às causas indígenas e da floresta, romanceado no formoso conjunto de músicas e cenas.

O espetáculo era singularmente belo, porque aliava os modernos recursos disponíveis de projeção holográfica de imagens, com as quais os atores interagiam de forma perfeita. Além disso, um detalhe chamou-nos a atenção, emocionando-nos: todas as personagens indígenas eram interpretadas por atores também indígenas de nossa casa, o que emprestava mais realidade e emoção às cenas.

Embevecidos, os caravaneiros, com os olhos rasos de lágrimas ao final do espetáculo, não cansavam de agradecer aos dois companheiros que os convidaram.

– A arte para mim, amiguinhos, – disse Mário Jorge, também enxugando as lágrimas, emocionado – é o veículo que Deus me presenteou para que eu ascenda em direção à minha felicidade. Cansado de utilizá-la de forma leviana e para a satisfação de minha vaidade, encontrei na vivência espírita o indicativo de como deveria utilizar os recursos artísticos de forma a promover a criação do belo que por sua vez cria o bom. Fiquei encarregado, com as bênçãos de meus superiores, de fomentar os seus benefícios junto aos irmãos encarnados, que agora se movimentam nessa direção. Um dia, com a graça de Deus, haveremos de reproduzir no plano físico as mesmas emoções e dádivas com as quais hoje fomos agraciados.

Ainda conversamos alegremente por algumas horas, aproveitando o período do descanso, mas principalmente fruindo da lindíssima noite que nos convidava a render graças ao Pai Eterno, sempre pródigo em bênçãos para nossas vidas. Em dado momento, nosso irmão irlandês, mais afeiçoado a nós outros, deixando de lado a conduta formal que caracteriza suas origens, falou-nos emocionado:

– Caros irmãos, não teremos como vos agradecer por estes dias de convívio amoroso e pelo compartilhamento de tantas experiências que nos enchem o espírito de confiança e fé em Deus, que prepara o mundo de regeneração, o qual deveremos nos esforçar por habitar. Levaremos, dentro de nós, cada segundo aqui vivido e cada emoção sentida. Tudo o que presenciamos será relatado aos nossos pares europeus, a fim de que também venham a sentir ao menos um pouco do que vivenciamos. Para isso, pergunto-vos: haverá obras escritas ou em outras mídias que possamos levar para formarmos grupos de estudo em torno das atividades aqui desenvolvidas?

Agradeci, em nome de nosso grupo, as palavras do gentil caravaneiro, respondendo em seguida:

– Sim, meu caro Carl. Faço questão de levá-los à nossa biblioteca e lhes presentear com alguns volumes de nossas obras. Quanto às atividades que estamos vivenciando, porque ainda não cessamos o aprendizado, prometo-vos registrá-las posteriormente e enviá-las quando prontas, para que recordeis de nós com maior carinho ainda, em relação ao que já podemos perceber que emana de vossos corações.

Trocamos abraços afetivos e emocionados, após o que subimos em direção à biblioteca de nossa casa. É um espaço vastíssimo, que ocupa quase um único pavimento, tendo em vista não somente a quantidade de obras ali disponíveis, mas também o número de frequentadores que ali circulam. Naquelas horas de recesso, sobretudo, o ambiente estava completamente tomado pelos nossos irmãos trabalhadores em "folga", que aproveitavam o tempo livre para a instrução nobre.

– Esta é a nossa biblioteca "Didier"[72], onde constam todas as obras úteis ao nosso aprendizado, em diversos segmentos do conhecimento. Aqui os livros podem ser manuseados ao modo tradicional, mas também podem ser lidos em meio holográfico, como podem observar.

Realmente, naquele momento, muitos trabalhadores estavam concentrados na leitura nobre de obras de seus interesses, uns folheando-as, outros utilizando recursos holográficos, que eram habilmente manuseados.

– Podem escolher qualquer livro que desejarem. Depois providenciarei exemplares extras, para que levem às suas terras. Entretanto, antes, gostaria de levá-los a uma seção interessante.

Percebendo a curiosidade dos caravaneiros, levei-os até um quadrante das prateleiras de nossa biblioteca, onde se encontravam os livros organizados sob o título "Coleção Casa Bendita".

– Nestas prateleiras – disse, explicando – encontram-se as obras escolhidas e reservadas para serem encaminhadas aos nossos irmãos encarnados, pelo processo de intercâmbio mediúnico da psicografia. Aqui as obras versam sobre diferentes temas, mas especialmente sobre aqueles ligados aos trabalhos que desenvolvemos, seja de ensinos doutri-

---

[72] **Nota da Editora**: Pierre-Paul Didier foi um dos mais dedicados colaboradores de Allan Kardec, do qual editou algumas obras, por meio de sua editora Didier Didier et Cie., Libraires Editeurs. Foi membro fundador da Sociedade Parisiense de Estudos Espíritas e nela atuou como médium. Nasceu em 1800 e desencarnou em 2/12/1865.

nários, ou mesmo de relatos sublimes de muitos que aqui trabalham, cujos antecedentes espirituais constituem-se de verdadeiros romances de alcance nobre, pela natureza exemplar das experiências vividas ao longo de muitas reencarnações.

– Mas essa grande quantidade de obras já começou a ser transmitida? – perguntou padre Marcelo, interessado, ao mesmo tempo em que folheava um volumoso livro.

– Estamos ultimando os preparativos para isso. – respondi – Não obstante as dificuldades do percurso dos médiuns enviados para este mister, acreditamos que agora conseguimos um mecanismo seguro de orientação, apoiado nas recomendações de Allan Kardec. Em breve, rogamos a Deus, as primeiras obras serão encaminhadas.

– Pelo visto – disse Sarita, impressionada – devem ser muitos os médiuns preparados para receber tantas obras assim!

– Muitos foram chamados, minha irmã, mas, como nos alertou Jesus, poucos são os verdadeiramente escolhidos[73]. – disse, reflexivo – Infelizmente os meandros da vivência física ainda impactam fortemente os trabalhadores, que se demoram na indecisão, apesar de nossas influências cada vez mais ostensivas. Alguns se perderam gravemente, e mesmo que ainda tenhamos esperança de resgatá-los nesta existência, o planejamento inicial já sofreu sérios prejuí-

[73] **Nota da Editora**: Mt 22:14.

zos, cujos efeitos estamos reparando presentemente. Mas a marcha segue em rota mais segura, porque nossos irmãos começam a perceber a nossa presença mais ostensiva nestes tempos de necessárias mudanças.

– E já existe uma sequência preestabelecida de transmissão destes livros aos encarnados? – Ajuntou Carl.

– Sim. – respondi, de pronto – Entretanto é um planejamento muito flexível, porque o livre-arbítrio dos médiuns é que nos facultará o estabelecimento do ritmo inicialmente planejado.

– E se eles fraquejarem? – indagou Sarita, sempre preocupada com os irmãos.

– Outros médiuns surgirão, porque na seara do Cristo não há lugar para exclusivismos e dependências indefinidas. A obra é importante e vai ser edificada. Poderemos ter um ou outro atraso na marcha, pelos quais, segundo suas consciências, responderão aqueles que os causarem. Mas tudo será executado conforme as vontades superiores. Esperamos alcançar esse intento dentro de nossos círculos, para que não tenhamos que transferi-lo a outras plagas.

– Como assim? – perguntou padre Marcelo.

Olhei para os livros, perfeitamente organizados, e respondi ao jovem sacerdote, demonstrando toda a minha emoção:

– Acreditamos muito no esforço de nossos irmãos médiuns e rogamos diuturnamente a Deus para que eles e seus dirigentes nos percebam a presença e iniciemos o trabalho. Entretanto, a honra da transmissão dessas obras deve ser franqueada a outra instituição nobre, caso haja a falência das intenções dos trabalhadores encarnados, cuja consequência seria a interrupção indefinida do ritmo das transmissões. A edificação deve subir, independentemente da vontade dos operários indolentes, que prontamente serão substituídos, caso recalcitrem em suas missões de libertação própria. Apesar de considerarmos essa possibilidade em nosso planejamento, seguimos confiantes de que conseguiremos implantar a atividade regular de recepção, conforme o inicialmente proposto.

Nossos irmãos ainda ficaram algumas horas apreciando os volumes literários, escolhendo os que julgaram mais adequados aos estudos em suas regiões de origem. Depois, todos nos recolhemos ao descanso, para reinício das atividades de intercâmbio no dia seguinte.

No horário aprazado, reunimo-nos na pequena sala de estudos a que estávamos habituados, e fomos recebidos pelo irmão Raphael, que voltava a dirigir as nossas ações.

– No dia de hoje observaremos como nos preparamos para receber os irmãos que procuram espontaneamente a nossa casa, pelos mais diversos motivos. – disse Raphael, explicando-nos – Diferentemente dos trabalhos de atendimentos de urgências do plano físico, no qual os atendidos não possuem mais possibilidades de chegar até lá com as próprias forças, no trabalho de acolhimento inicial desta esfera, os assistidos estão lúcidos e, portanto, em pleno gozo de suas faculdades mentais, o que exige maior sensibilidade dos trabalhadores, pois normalmente aqueles utilizam tais possibilidades para o fomento interior da desconfiança e da criticidade gratuitas.

– Mas, se a procura é espontânea, – manifestou-se Carl – não seria lógico que a atitude fosse de predisposição para receber os benefícios?

– Em tese, sim! – disse Raphael – Todavia, cada indivíduo possui uma história única, com experiências milenares, e as reações ao processo de acolhimento podem ser amplamente diversas, ou seja, não seguem uma conduta padrão. Nada obstante, as circunstâncias em comum dos assistidos podem ser reunidas em grupos para a sistematização do trabalho[74].

– Também no acolhimento há uma sistemática a obedecer, já que tratam de indefinido número de nuanças e de históricos espirituais? – perguntou Sarita.

Raphael sorriu bondosamente em direção à freira, respondendo em seguida:

---

[74] **Nota da Editora**: a Fundação Allan Kardec (FAK), responsável pela edição desta obra, tem experimentado adoção dos seguintes critérios para o acolhimento dos que a procuram: identificar a "razão da busca", associada à situação de sofrimento que o assistido experimenta; bem como, a sua "faixa etária" (criança, jovem, adulto e idoso); e a "natureza do vínculo" que mantém com a instituição (assistido em geral ou assistido trabalhador), de forma a oferecer-lhes o de que necessitam para superarem suas dores morais.

– Minha irmã, independentemente do histórico espiritual daqueles que nos procuram espontaneamente, o motivo que os impulsiona é sempre um: a busca do amor para suas vidas. A maioria sente, no íntimo, a voz da consciência a lhes indicar que chegou a hora de parar de buscar as ilusões do mundo e de sofrer. Nesse sentido é que sistematizamos o trabalho, não para enrijecer a conduta dos trabalhadores, mas para lhes franquear roteiro seguro de fundamentação, orientando-os a repetir a abordagem do Cristo àqueles que O procuravam na Terra, quando dizia: "Que queres que te faça?"[75].

Após as explicações iniciais, encaminhamo-nos ao setor de Casa Bendita responsável pelo acolhimento dos espíritos que procuravam ajuda. Era um grande salão, onde circulava considerável número de trabalhadores em dupla, quase sempre ladeados por um profissional de enfermagem. Raphael notou a curiosidade dos caravaneiros e elucidou:

– Diferentemente do que ocorre no plano físico, onde nem sempre o corpo manifesta aos encarnados, de forma visível, as patologias do perispírito, os espíritos que nos procuram geralmente refletem as lamentáveis condições de saúde perispiritual, ou ainda manifestam impressões muito fortes do corpo físico, o que nos impele a uma análise clínica, em concomitância com o processo de acolhimento.

---

[75] **Nota da Editora**: Mc 10, 51; Lc 18, 41.

De fato, víamos os candidatos a assistidos adentrarem o recinto evidenciando suas opacas irradiações, muitos ainda com a forte impressão de ligação ao corpo físico.

– Estes irmãos que vemos aparentemente ligados ao veículo carnal são recém-desencarnados, sendo alguns ex-atendidos no plano físico. Estes, tendo mantido o equilíbrio mental durante o transe da morte, ou o recuperado algum tempo depois, como efeito do que aprenderam com os postulados espíritas, tiveram como primeira atitude, após o desenlace, a de nos procurar, e chegam até nós confiantes, esperando ser recebidos assim como eram na esfera física.

Acompanhamos um desses casos em que o assistido acabara de desencarnar. Nossos trabalhadores o acolheram com alegria, chamando-o pelo nome. Apesar de estar ainda um pouco desorientado, suas primeiras mentalizações, após o transe, foram as lembranças dos momentos vividos na instituição do plano físico, nos muitos anos de trabalho no bem, de vida digna e conduta sempre caridosa para com os semelhantes, o que lhe facilitou o transporte mental até a nossa casa. Os enfermeiros o levaram para o primeiro atendimento, sem a necessidade de maiores indagações.

– Mas a procura espontânea desta casa não se dá somente nessas condições de equilíbrio? – perguntou padre Marcelo.

– Não, meu querido irmão. – respondeu Raphael – São inúmeros os casos de acolhimento, como veremos em alguns exemplos.

Passamos a observar que a muitos espíritos era permitida a entrada pelos portões de nossa Casa, os quais eram recebidos pelos trabalhadores e encaminhados às salas de entrevistas. Impressionados, os caravaneiros não se eximiram em perguntar:

– Não estavam os irmãos necessitados primeiramente de ajuda médica? – indagou Sarita, sempre caridosa.

– Por que os levam a uma sala de entrevistas?! Isso é de fato necessário? – perguntou Carl, estranhando.

Raphael, compreendendo a reação dos irmãos, respondeu com serenidade:

– A entrevista é necessária para auxiliar na vinculação dos espíritos que nos procuram com sinceridade de intenções, em relação aos nossos objetivos de atendimento. Muitos nos buscam aturdidos, guiados por seus benfeitores, mas, quando aqui chegam, alguns dentre estes não conseguem se vincular psiquicamente ao nosso ambiente, preferindo se apresentar em outros postos de socorro. Como tudo na vida, aqui também reina a lei da afinidade.

– É por isso que vemos irmãos sendo atendidos no hospital e depois saindo espontaneamente pelos portões da Casa? – perquiriu Carl, atento aos detalhes.

– Exatamente! – Raphael respondeu – Fazemos a nossa parte no tocante ao resgate e ao amparo dos irmãos, mas devemos respeito à liberdade de cada um, direito inalienável do ser. De qualquer forma, a entrevista atua como instrumento de orientação desses irmãos, aconselhando-os ao bem. Aqui se dá o contrário do que ocorre no plano físico, porque a maioria dos que nos procuram se vinculam às nossas atividades...

– No plano físico, – interrompeu Sarita – a vinculação à Casa não se dá nesse mesmo patamar?

– Ainda não. – disse Raphael – O número de pessoas que se vinculam oscila em torno de um terço dos que procuram a instituição. Mas isso é compreensível, pois a influência do veículo físico sobre o espírito ainda é fator de decisão dos que lá chegam. Geralmente esperam encontrar prosélitos milagrosos prontos para atender as suas demandas pessoais. Entretanto, surpreendem-se quando são orientados, pelos trabalhadores encarnados, no sentido de que a solução para seus problemas depende exclusivamente do esforço que passarem a empreender na construção da própria felicidade, pela transformação moral que deverão iniciar. Quando pesam a cota de sacrifícios a serem envidados em relação às paixões de que precisarão abrir mão, desistem, alegando inúmeros motivos nem sempre verdadeiros.

Quando terminou de falar, Raphael e todos nós fomos surpreendidos pelo alto ruído que era emitido em uma das salas de entrevistas. Imediatamente algumas sentinelas que faziam a segurança dos portões se encaminharam até o local, em auxílio aos trabalhadores do acolhimento. Em poucos segundos, vimos uma entidade completamente transformada pela licantropia[76] ser retirada do recinto, vociferando impropérios em direção aos trabalhadores de nossa casa. Convidada a se retirar, porque desejava somente promover a perturbação, saiu em disparada pelo portão principal, jurando vingança contra nossas atividades que, dizia, atrapalhavam os planos de seus chefes. Notando o espanto de nossos visitantes, Raphael elucidou:

– São os adversários de nossas atividades que tentam se infiltrar em nossa fortaleza de amor, crendo que não seriam descobertos. Disfarçam-se de modo quase perfeito, mas não conseguem resistir aos critérios da entrevista, que também é estruturada para identificar esses tipos de ocorrências, que não raro são registrados. Compreenderam agora o quanto esse modelo de triagem é importante?

Os caravaneiros emudeceram, evidenciando a concordância às explicações de nosso instrutor. Padre Marcelo, o mais impressionado com a última cena, ainda perguntou:

– Irmão, não há meios de reter esses infelizes para que sejam libertados e libertem aqueles que porventura estejam aprisionando?

– Meu amigo, – respondeu Raphael – fazendo isso, por acaso não estaríamos utilizando das mesmas armas que eles utilizam para escravizar os irmãos também infelizes? Como eu disse, a liberdade é patrimônio inalienável do ser.

---

[76] **Nota da Editora**: licantropia tem origem do vocábulo grego *lykanthropía*, composto por *lykos* (lobo) e *tropos* (forma). Refere-se ao fenômeno espiritual no qual um algoz atua sobre sua vítima através de processo obsessivo hipnótico, culminando com as transformações perispiritual e comportamental humanas para as de lobo.

Nossos irmãos só poderão ser libertados quando assim o desejarem. Os casos como o que acabamos de ver são catalogados e enviados a departamentos especializados, para investigação dos possíveis motivos que levam os irmãos infelizes a agirem como agem. Quase sempre as ações de um ou de um grupo de espíritos estão relacionadas a alguém ou a um grupo de irmãos que estejam momentaneamente sendo atendidos em nossa casa, em processo de libertação que já escolheram. Tentam se infiltrar para realizar o sequestro desses irmãos, como se isso fosse possível. De qualquer forma, no futuro voltarão e, dependendo da situação, poderemos permitir que adentrem a uma de nossas reuniões, a fim de serem estimulados a mudar.

– E há casos de sucesso nesse sentido? – perguntou Sarita.

– Sim! – disse Raphael – No fundo, ao se aproximarem de nós, inconscientemente os irmãos estão pedindo socorro, cansados das lutas interiores que os fazem sofrer. Aos poucos, em contato conosco, começarão a perceber, pela comparação, o estado em que se encontram, podendo, inclusive, chegarem a um momento em que aceitem ser atendidos convenientemente.

– Então, nesses casos, esse processo de entrevista também funciona como um tratamento a conta-gotas – observou Carl.

– Exatamente! Para tudo há um fim nobre na obra do Senhor! – Raphael disse – Existem casos, no plano físico, em que um irmão, pelo simples fato de passar pela entrevista, já se decide em melhorar-se interiormente, estando ou não vinculado à instituição. Há inúmeros relatos de irmãos que desencarnaram em estado bem melhor de equilíbrio espiritual, porque receberam a orientação segura de trabalhadores encarnados.

Todos ainda continuamos as observações acerca do acolhimento no nosso plano, inteirando-nos sobre um ou outro detalhe. No período da noite, tivemos a oportunidade de verificar como se processa o acolhimento no plano físico, que ainda passava por ajustes procedimentais para se alinhar à forma como aqui procedemos. Independentemente disso, pudemos notar o esforço dos nobres trabalhadores, que não obstante as dificuldades de toda ordem, exercitavam o amor, acolhendo com carinho os que ali chegavam, ávidos por serem amados.

Encerramos mais um dia de observação, satisfeitos pela felicidade que víamos estampada nos rostos dos caravaneiros de nosso grupo. Percebíamos a alegria exposta, o que nos dava a certeza de que os objetivos de intercâmbio estavam sendo atingidos.

No dia seguinte, durante as jornadas matutina e vespertina, quando não havia atividade no plano físico, mas com trabalho contínuo e intenso em nossa esfera, fomos observar mais detidamente o esforço dos abnegados trabalhadores de nosso hospital, que se desvelavam em cuidados e carinho, recuperando os irmãos resgatados de toda sorte, incluindo os que eram libertados de algozes e os que se libertavam da ligação perniciosa em que se deixavam envolver pela obsessão recíproca com os irmãos encarnados. Por todo o dia, acompanhamos os casos de reequilíbrios perispirituais, cirurgias magnéticas e tratamentos mentais com o auxílio do Evangelho de Jesus, verdadeiro bálsamo sobre as chagas abertas de muitos doentes.

Após as atividades do dia, irmão Raphael nos preparou os espíritos para a observação seguinte, explicando:

– No período desta noite, acompanharemos um trabalho que consideramos muito importante para os irmãos encarnados, a obra da evangelização de crianças e jovens. Celeiro de bênçãos, o trabalho de educação evangélica daqueles que iniciam suas jornadas físicas na Terra é prioridade para nós, no campo doutrinário, recebendo atenção especial.

Acompanhamos o irmão instrutor até o prédio destinado à evangelização infantojuvenil. Notamos que em nossa esfera a estrutura destinada a essa atividade não era tão maior que a existente no plano físico. Raphael, captando as dúvidas dos caravaneiros, elucidou:

– Recebemos em nossa esfera de trabalho somente as crianças e os jovens necessitados de atendimento médico ou que ainda estão em tratamento pelo choque anímico. Outros, que se percebem nessa condição infantojuvenil, são cuidados em nossa Colônia do Amor, onde se preparam para novas incursões de aprendizado nos meandros carnais.

A estrutura espiritual que vemos em nosso plano serve de apoio aos evangelizadores e aos dirigentes, bem como ao atendimento de casos que necessitam de acompanhamento individual mais direto, isso porque, na juventude, em geral, têm início provas difíceis em virtude dos graves comprometimentos do passado.

– Mas são muitos os casos de jovens nessa condição? – perguntou Sarita.

– Não existe um número padrão, pois isso depende de muitos fatores, sendo o maior deles a existência ou não de equilíbrio familiar, da participação dos pais no acompanhamento dos filhos, ou mesmo na existência ou não do hábito simples do diálogo em família. Observaremos um caso dramático, em que os trabalhadores da evangelização estão contribuindo para a recuperação de um ex-aluno.

Raphael nos levou a uma das salas que servem à estrutura da evangelização em nosso plano, onde nos apresentou aos trabalhadores que estavam encarregados das atividades naquele dia. Alguns leitos surgiram, onde jovens descansavam, aparentemente em tratamento médico. Um deles encontrava-se em estado lamentável, parecendo absorto de tudo o que ali se operava.

– Este irmão foi recém-resgatado de região umbralina, porque cometeu o crime de atentar contra a própria vida. Não obstante os ensinamentos que nesta escola recebeu, não conseguiu superar as influenciações que envolveram ele e sua família, e deixou-se levar pelas sugestões dos inimigos do passado, até o ponto de cometer o suicídio. Após muitas tentativas, conseguimos resgatá-lo e hoje ele recebe tratamento junto àqueles com quem conviveu na esfera física, para se rearmonizar.

– Mas o hospital não seria o local mais indicado? – questionou padre Marcelo, demonstrando compaixão.

– Nosso irmão já veio das câmaras de reabilitação hospitalar, onde pôde reequilibrar o corpo perispiritual. A fase seguinte, que é esta, dá-se pelo contato direto com seus irmãos de outrora, na escola da evangelização, o que funcionará como tratamento anímico, contribuindo para o seu despertar.

– É incrível como uma vida no plano físico, tão promissora, extingue-se por um ato impensado! – lamentou Carl.

– Sim, meu amigo, – disse Raphael, reflexivo – o apoio dos pais, nestes casos, deve ser sempre meditado, porquanto o trabalho terapêutico da evangelização não é fonte de milagres que transforme, repentinamente, espíritos endividados com o passado delituoso, em espíritos puros. A oportunidade do convívio com os postulados evangélicos à luz da Doutrina Espírita, semanalmente, é bênção para essas crianças e jovens, mas está longe de ser a solução para as suas necessidades de reequilíbrio, que sempre é obtida quando o meio familiar também é equilibrado. Sem a participação direta dos pais no trabalho de iluminação de jovens e crianças, o esforço que empreendemos aqui, salvo raríssimas exceções, quase se anula, como a semente que, plantada, não recebe os devidos cuidados para a germinação.

Enquanto as atividades no plano físico iniciavam, nossos trabalhadores levavam os jovens em tratamento até as salas de aula, onde poderiam receber auxílio, pelo contato direto com irmãos da evangelização, que se reuniam para o estudo semanal. O processo terapêutico assemelhava-se ao que era executado nos estudos doutrinários, todavia em menor escala. O jovem desencarnado pelo ato insano, aos primeiros contatos com seus conhecidos de outrora, logo reagiu positivamente. Inspirados por nossos cooperadores, em dado momento, os evangelizadores encarnados decidiram cantar uma música que exaltava a importância da evangelização para a transformação do planeta. Podíamos perceber, em seguida, que as emissões energéticas produzidas pela concentração e pelo sentimento dos encarnados funcionavam como poderoso passe magnético em direção ao enfermo irmão, que sensivelmente melhorava, iniciando o seu despertar.

Ainda um pouco aturdido, mas recuperando a consciência, foi orientado por seu avô, que o acompanhava no processo de tratamento desde o momento trágico e infeliz. O bondoso familiar, demonstrando extrema habilidade psicológica, esclareceu o jovem acerca do local e das circunstâncias em que se encontrava, provocando profunda catarse emocional ao enfermo, que se derramou em lágrimas. Amparado e consolado, reconhecendo o ambiente querido de outrora, bem como os amigos da lide espiritual no plano físico, emocionou-se ainda mais. Os caravaneiros, também tocados com a cena de libertação, foram convidados a se aproximarem para colaborar, a título de estágio, na aplicação do passe magnético nos convalescentes, por meio da utilização dos fluidos benéficos gerados no ambiente da evangelização. Após a aplicação do passe, perguntou Sarita:

– Essas salas sempre colaboram com este tipo de tratamento?

– Quando há verdadeiro equilíbrio de emoções entre os encarnados, sim. – disse Raphael – Nem sempre as salas de aula estão perfeitamente harmonizadas como esta, por causa das dificuldades na falta de disciplina e vigilância dos participantes, principalmente dos evangelizadores.

– Notamos que a harmonia aqui é fruto da contribuição de todos, e não somente dos responsáveis pela direção da turma. – observou Carl – Quando há a desarmonia, a cota de responsabilidade não seria igualmente distribuída?

– Não, meu irmão, – respondeu o instrutor – o dirigente da turma de evangelização tem papel decisivo na harmonização da sala, principalmente dos jovens, que já estão conscientes de seu papel no mundo. Aqueles evangelizadores que mantêm interesse pela turma não somente no dia da atividade, mas também o demonstram por variados meios durante a semana, estabelecem laços afetivos mais estreitos, obtém melhores resultados de harmonização e de fixação dos conteúdos nobres junto aos aprendizes. Assim como deve ser em todos os momentos de nossa existência, o exemplo dos que ensinam é a melhor maneira de difundir as verdades dos postulados doutrinários. Se pregamos fraternidade, que sejamos fraternos; se ensinamos o perdão, que sejamos misericordiosos; se divulgamos a prática do amor, que exercitemos a caridade.

– Mas o jovem em tratamento, cujo despertar vimos iniciando, continuará aqui ou será recambiado a outros lugares? – indagou padre Marcelo.

– Ainda deve ficar alguns dias em contato com este círculo de trabalho, até estar em condições de viajar à nossa Colônia. Lá prosseguirá preparando-se para continuar sua jornada evolutiva, a ser novamente reiniciada nos círculos carnais – respondeu Raphael, olhando para o jovem que apresentava melhoras.

Percorremos ainda as outras salas do trabalho da evangelização, onde pudemos verificar nítidas diferenças de emissões energéticas, demonstrando na prática o que Raphael nos orientava. Observando o interesse dos caravaneiros, o instrutor, revelando profunda emoção, falou-nos:

– A maioria desses jovens é oriunda de nossa Colônia do Amor e grandemente compromissada com os novos momentos anunciados pelos nossos mentores. Preparados em nossa esfera redentora, possuem todas as qualidades necessárias para que executem o processo de renovação mental da direção dos encarnados desta casa. Constituem-se na quarta geração de enviados, que esperamos logrem melhores êxitos que aqueles obtidos por seus antecessores.

– Por quê? – indagou Sarita – Não estará a terceira geração trabalhando conforme o planejado?

– A maioria não. – respondeu Raphael, reflexivo – Não obstante todo o apoio de que dispunham de nossa parte, grande número embrenhou-se nos labirintos das paixões da vida, preferindo priorizar outras emoções a se vincular aos deveres assumidos. Outros cambalearam, mas se fixaram aos trabalhos, enquanto que pouquíssimos permaneceram firmes até hoje. Apesar disso, as turbulências geradas por essa falta de continuidade no bem estão em vias de se dissipar e acreditamos que em breve navegaremos em mares mais tranquilos, o que contará com o envolvimento dos jovens de hoje, para que assumam o comando futuro desta casa, de acordo com o projetado.

Após alguns momentos a mais de observações, saímos daquele círculo de trabalho confiantes no processo de renovação e fortalecimento dos trabalhadores encarnados. Oramos em conjunto, pedindo a Deus abençoasse aqueles jovens, para que percebessem a extensão dos compromissos assumidos, bem como o momento especial que estão tendo a bênção de viver, isto é, a de transição planetária deste orbe, na qual eles terão papel importante para a solidificação da base evangélica do Cristo na região amazônica.

Os dois dias seguintes de atividades dos nossos caravaneiros foram de observação das operações de resgate de irmãos em regiões umbralinas da Amazônia, na qual puderam, os nobres visitantes, verificar a extensão das consequências do desrespeito à natureza para aqueles que o cometem. Incontáveis casos de vinculação doentia, de obsessões e de escravização espiritual pela vingança foram acompanhados, tendo sido, alguns acompanhamentos, exitosos quanto ao resgate, pelo convencimento ao amor. Puderam conhecer, também, o trabalho de preparação dos trabalhadores de nosso plano, bem como o envolvimento dos irmãos encarnados que, em algumas situações, também colaboravam com as ações nas regiões de sofrimentos mais densos.

Encerrada a programação de aprendizado, na noite do sétimo dia na crosta, uma reunião especialmente organizada pelos nossos dirigentes no auditório "Amazônia" fez-se palco das homenagens prestadas aos irmãos visitantes, que se sensibilizaram, emocionados pela deferência com que foram tratados, por parte de nossos trabalhadores. Era uma noite singularmente bela, quando a lua novamente nos abençoava com o seu brilho emprestado do sol, sempre emoldurada pelas estrelas cintilantes ao seu redor.

Ao adentrarem o teatro-auditório no horário combinado, os caravaneiros foram surpreendidos com os aplausos dos assistentes, que lotavam as dependências da grande área de eventos. Conhecedores daquela demonstração de carinho, porque se lembraram da recepção aos irmãos encarnados, todos os três estrangeiros se emocionaram, sem esconder as lágrimas que vertiam de seus olhos. Convidados aos lugares de honra na mesa diretora, primeiramente assistiram a uma representação artística, em que os nossos trabalhadores encenaram os momentos dos primórdios da instalação de nossa Casa Bendita na região amazônica, desde o planejamento inicial, até a chegada dos primeiros irmãos que, no plano físico, iniciaram os trabalhos de reprodução de nossa estrutura espiritual.

Após a emocionante apresentação, nosso dirigente maior, Carlos Theodoro Gonçalves, externando o posicionamento de todos nós, falou aos caravaneiros:

– Irmãos das lides do Cristo! Ao tempo em que agradecemos os momentos de convívio nobre com os digníssimos irmãos de outras plagas, reiteramos, diante de vós e de Deus, os nossos votos de renúncia a tudo o que o nosso egoísmo ainda nos faz imaginar, em nome da consecução dos planos superiores de regeneração que este planeta começou a experimentar. Esta região de Deus na Terra é também vossa e, a partir de então, podeis considerar-vos filhos da Amazônia, assim como nós outros o fizemos há mais de um século. Temos certeza de que vossos sentimentos hoje se encontram transformados, em torno da importância de nossa região para o mundo, mas também porque já podeis perceber a energia acolhedora de nosso povo, simples e amável, que vos abraça fraternalmente os corações. Quis o Senhor Jesus que viésseis até nós para que fosse estabelecido um marco de renovação espiritual em torno das verdades da Vida Maior, que devem se espalhar pelo mundo de forma mais acelerada, em todos os campos do conhecimento humano. Estejai certos, meus amados irmãos, de que sois sempre convidados a aqui retornardes, porque o vosso estágio em nossa humilde casa já vos credenciou a serdes considerados, simbolicamente, trabalhadores de Casa Bendita!

Dizendo isso, Carlos Theodoro chamou nominalmente cada um dos caravaneiros e, sob os aplausos de todos nós, entregou-lhes o crachá de identificação de nossos trabalhadores, simbolizando o ingresso dos mesmos à nossa equipe de labor diário. Irmão Carl, escolhido pelos demais, dirigiu com dificuldade algumas palavras de agradecimento, porque a emoção o tomava profundamente. Guardaram com muito carinho o símbolo honroso que receberam, despedindo-se com forte abraço fraterno de todos nós, que também expúnhamos as nossas emoções pelas lágrimas abundantes.

Naquela mesma noite, acompanhei os irmãos caravaneiros, Carl, Sarita e Marcelo, na viagem de retorno à Colônia do Amor, onde encerramos a nossa participação nos trabalhos aos quais fomos designados, na certeza de que, de forma irreversível, o mundo de regeneração se instalava em nosso planeta. Ainda nos demoramos alguns dias para a consolidação de novas orientações, quando então retornei à crosta para prosseguir com o trabalho que me foi confiado junto à nossa amada Casa Bendita.

ROTEIRO SISTEMATIZADO

para estudo do livro “O Evangelho Segundo o Espiritismo”

boanova
editora

14x21 cm | 440 páginas | Estudo das Obras Básicas | ISBN 85-86470-37-6

Esta obra propõe um direcionamento para o estudo do Evangelho e a unificação do conteúdo interpretativo das palavras de Jesus, garantindo assim que todos os envolvidos nessa tarefa - dirigentes e participantes - estudem o mesmo assunto sob uma ótica comum. Constitui uma contribuição importante para todos aqueles que querem facilitar sua transformação íntima ou aprimorar-se espiritualmente.

Na editoração desta obra, foi utilizado como
fonte padrão Corbel, tamanho 14,
capa em papel Ningbo C2S 250 g/m²,
miolo em papel Norbrite Bulk 66 g/m²,
sistema de impressão em off-set.